張曼娟

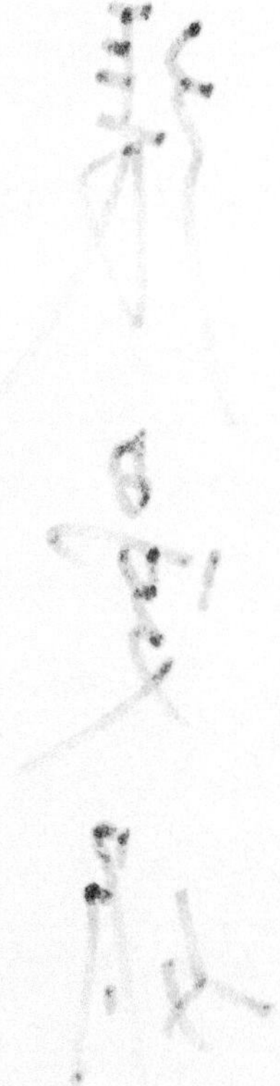

我輩中人

——寫給中年人的情書

張曼娟

我輩中人

〔自序〕

我輩中人——寫給中年人的情書

二〇一七年末，去看了休・傑克曼主演的電影《大娛樂家》，確實是一部充滿娛樂性的歌舞片。睜著眼睛做夢的男主角買下了一座怪奇博物館，進而召募奇人異士，經營起夜夜笙歌，令人目眩神迷的馬戲團來了。

他的野心愈來愈大，名利雙收之後，還想著躋身上流社會，漸漸迷失了方向。與他青梅竹馬而出身豪門的妻子，試圖點醒他，於是對他說：「你不需要全世界都愛你，只要幾個好人愛你，那就夠了。」

我想，這幾句評言是很中肯的，卻也是很中年的。

年輕時，我們耗盡元氣，想方設法，得到許多人的認同與喜愛，彷彿這樣才有生存的價值。我們曾經以為，只要能走到更高的地位，擁有更多東西，便是成功，才會幸福。人到中年才發現，原來，幸福不是這樣定義的。

會讓我們真正感到幸福的人其實並不多；讓我們幸福的東西往往是看不見的。我們漸漸懂了，也漸漸老了。於是，在遺憾、追悔、困惑中，過完人生下半場。

想要寫一本中年人的書，是從面對了生命中的變動開始的，這變動不是天光雲影共徘徊，而是土石流般的崩塌與毀壞。

我輩中人，是首先浮起的意象。我們這些「中年」人；夾在上一代與下一代「中間」的人；思維和行為「不中不西」的人。我們到底是什麼樣的人？我們走過怎樣的路？又將往哪裡走去呢？

「大人學」這兩年成為顯學，「大人味」成為一種審美觀、一種生活態度，然而，我輩中人夠格當一個大人嗎？我們具備了大人的品格與氣度嗎？過往，我們迷戀的小王子告訴我們，大人是一種市儈、庸俗而麻木的生物，於是，我們拒絕長大，拒絕成為一個大人，要當永遠的小孩子，結果卻變成了無法承擔、任性、幼稚的老小孩。如今，我們思考著成為更好的大人，才能守護著孩子與年輕人，把純真的、無瑕的夢想留給他們。

孟子說過的許多話中，我最喜歡的是這一句：「大人者，不失其赤子之心者也。」我想成為一個不失赤子之心的大人：對世界依然充滿好奇與熱情；願意為了理想披掛上陣；具有更大的包容力與同理心；為他人付出與奉獻是快樂的事。

我輩中人邁入人生下半場時，最該做的是對自己的清算與和解。靈魂中那些幽暗的、破碎的部分，也許是因為傷害而造成，無以言宣的痛苦已經承載了幾十年，直到中年才明白，並沒有什麼人會替我們取下枷鎖，帶來救贖。我們苦苦等待的，釋放我們於痛苦深淵的那股力量，原來在我們自己身上。告訴自己，多年以前只能接受命運的安排，如今的我們，有能力創造或改寫自己的命運。能馱負著那些創傷與苦痛走到現在，說明了我們確實有這樣的能量。

倘若想要有心平氣和、從容自在的老年，絕不可錯過關鍵的中年期。

兩年前，身體狀況一向不錯的父母親，突然發生了狀況，一次又一次送急診，在擔憂焦慮的日與夜，我真正意識到自己老了，不再年輕。坐在救護車上，無助的握住九十歲老父的手；凌晨起身在電腦前，為八十幾歲的母親掛號，我知道一直守護著我的父母親愈走愈遠了，現在撐持住這個家的是我，用盡力氣保護他們的是我。半年前才配了多焦鏡片，不知怎麼總覺得視茫茫，又去眼鏡店驗光，老闆仔細驗過度數之後，對我說：「沒什麼改變呀，我想，妳是太累了。」我點點頭，沒有

說話，心裡清楚知道，體力變差了，精力耗弱了，我一夜長大，也一夜變老。

我陪著父親，坐在急診室等病房，一張板凳，靠著牆，聽著這張床的躁動，那張床的哀號，身旁的父親時不時的問：「天亮了嗎？天亮了沒？」沒有，天還沒亮，夜暗黑又漫長。

又推進來一張床，床上蜷縮著一位很老的老人，老到無法辨認性別，直到床畔那位白髮皤皤的男人喚著：「媽！媽！妳聽得到我嗎？」老媽媽口齒不清，兀自揮動著細瘦手臂，彷彿在與世界告別，但是她走不了，她會再度被救回來。

年輕時我在醫院裡看見的多半是病人，這幾年看見的多半是老人，台灣社會變得這麼老，到底是福是禍？

目前在台灣有將近一一〇萬的失能者需要照顧，每天平均照顧十三．六小時，歷時平均九．九年。每位老人的身後，都有一位或幾位照顧者，大都是中年人，有些甚至是老年人。如果有幾位照顧者，還可以輪流分擔，互相倚靠，彼此加油，最危險的是獨力照顧者，宛如背著炸彈的炸彈。獨力照顧者常常是隱微的，直到炸彈爆炸，躍上社會新聞版面才會被看見。獨力照顧者以女性居多，又以單身女性的比例最高，除非擁有強大的支持系統，否則就是悲劇。

有過照顧經驗的人都知道，最煎熬的部分並不是病痛，而是情緒，老人家年老體衰，感覺到死亡的威脅，於是性格中的陰鷙、貪婪、怨毒、恐懼、懊悔，占據了身心，也波及到身邊的人。照顧者靠得最近，糾結最深，就像衝進火宅救火的人，被火舌席捲，遍體鱗傷。而我們思想底層的孝道倫理，讓我們只能隱忍，偶爾透露了艱苦心情，又怕背負上不孝的罪名，照顧者於是緘默了。

做為一個獨力照顧者，我們的摸索，正是替往後更多的獨生子女尋找方向，也或許，他們不必承擔照顧重任。許多已婚有伴侶也有兒女的朋友都說，他們打定主意不要成為兒女的負擔，準備和我一樣孤獨老。

我們可以選擇完全假手他人，或以童年創傷、事業忙碌種種理由搪塞逃避，但我們沒有。當我們無怨無悔、心甘情願的承擔下來，也就有了機會預習未來的人生，看清楚老年是怎樣的狀態，甚至直面死亡，才能認真思考活著的意義，這也是份難得的生命禮物啊。

朋友說：「都說我們是『奉養父母的最後一代，也是被兒女拋棄的第一代。』妳不覺得我們這一代好悲哀嗎？」我深深擁抱朋友，對她說：「我們是最棒的一代，人世間的情義都付出了，也都承擔了。」五十歲以後，我常用這樣的話勉勵自己：「年過半百，中途而已。」一路還要繼續向前走。此刻的我，有著前所未有的篤定與自信。

九十二歲的父親與八十三歲的母親，是我的性格形塑者，他們從最動亂的時代走來，穿過了貧窮、疾病、饑荒、戰爭的網羅，僥倖存活。在一個陌生的島嶼落地生根，共組家庭，生兒育女，他們給了我衣食無憂的生活，又給了我充足盈滿的愛，還給了我做夢的想像力和勇氣。他們給了我溫柔的心，堅定的意志，讓我可以做自己喜歡的事，成為喜歡自己的人。雖然他們病弱衰老，卻仍是我世界的中心。可以成為父母的照顧者，是我今生最榮耀的身分。

我輩中人，有情有義；我輩中人，篤定自信。那麼，這也就是一本寫給你、寫給我、寫給中年人的情書了。

目次 contents

壹／

通往大人的路

中年，是歲月的累積；
大人，卻是人生的修為。

能夠成為一個寬容、篤定、自信的「大人」，
走在自己創造的道路上，
便是歲月的祝福。

消失的中年人

做為一個小說作者，我曾經構思過一篇幻想小說，在某個似曾相識的城市裡，中年人全體消失了，那會怎麼樣呢？只剩下孩子、年輕人與老人，這世界會變得更好還是更壞呢？如果是幻想小說，當然不必去思考，中年人都到哪裡去了；可是當我環顧現實世界，注視著身邊許多人，中年人到底在哪裡呢？

我的學生剛滿三十歲，他在 LINE 群組宣稱自己已進入「初老」了，加班兩天就掛上了黑眼圈。我的朋友四十三歲，她說為了抓住「後青春期」的尾巴，於是購買了健身房的核心肌群鍛鍊密集課程。五十五歲的好姐妹說為了不顯老態，她投資了一副多焦眼鏡，不用轉換角度，就能毫無視差的看遠看近，瞬間忘記了自己已經「年老」。

無論是青春或老年，年齡的狀態當然是自由心證，沒有準則的，但我發現，現代人不是把自己看小了就是把自己看老了，青春到老年之間的那個階段，像個斷層那樣，極有默契的略過不表。於是，在我們這個時代，中年人的消失並不是幻想小說，而確實存在於我們的意識裡。

當國人的平均壽命超過八十歲，三十五歲到六十五歲稱之為中年，應該是合情合理的吧？然而，這個年齡層的人不大願意貼上中年標籤，恐怕是因為長久以來「中年形象」缺乏美感，無法令人憧憬吧。

若干年前，曾經和朋友去日本旅行，清早起床到吉祥寺一帶晨跑，看見一個穿西裝的男人，以倒栽蔥的姿勢，醉倒在路邊的花叢間，我和朋友對看一眼，說了句：

「中年危機。」便繼續輕快的往前跑。

前些年去威尼斯的聖馬可廣場，正午時分，一個孤獨的男人吸引了我的注意，他拉鬆領帶，身邊放著公事包，眼神放空，不知道已經坐了多久，菸灰缸裡都是菸屁股，鴿子在他身邊咕咕咕叫著。我的腦中浮起了「中年失業」四個字。

這幾年經歷了朋友的病與死，往往都來得那樣急遽，驚懼和哀傷洶洶來襲，混合而成一陣子低落的情緒。有時候又只因為一道雨後的彩虹，或是一首動聽的樂曲，而感覺人生真美好，這就是「哀樂中年」了。

「中年危機」、「中年失業」、「哀樂中年」，引發我們聯想的中年詞彙，都有些欲振乏力，誰也不想對號入座吧。

媒體拍到昔日的男性偶像，便奚落寫道：「如今身材走樣，不復當年，已經是一位中年大叔了。」至於女性偶像，只要有點年紀，妝容不夠嚴整，便立刻被形容「飄出大嬸味」。大叔、大嬸，毫無疑問就是中年人，卻在這個年代成了一種譏誚與訕笑。這些年來因為出現了李宗盛這類的大叔，逆流而上，魅力有增無減，於是，「大叔」由黑轉紅，身價看漲。卻不知要到什麼時候，「大嬸」才能逆轉勝呢？也許法國總統馬克宏的第一夫人布莉姬特・瑪麗能發揮一點作用。然而，那畢竟是妻憑夫貴的例子，單身的中年女性，或是憑藉自身能力闖出一片天地的女性，顯然並不適合「大嬸」的稱謂，需要新的思維重新定義。

當我年輕時，睜著思無邪的眼睛，觀望周遭的中年人，他們有時頹唐消沉；有時失序暴走；有時心機深沉；有時不倫出軌，人們通常會喟嘆著說：「這就是『中年危機』啊。」中年彷彿是危機四伏的處境，令人戒慎恐懼。當我到了中年才明白，這確實是人生旅途中包袱最沉重、挑戰最頻繁的階段。走到中途才發現自己被卡住了，卡在上一代與下一代之間；卡在上司與下屬之間；卡在夢想與現實之間。正因為卡住了，停下來才能把自己看清楚，在家庭和職場，在情感與人際關係中，終於可以面對並且認真思考，關於中年這件事，而後清爽自在的往前走去。

大人，其實很漫長

第一次注意到「大人」這個詞彙，是在日本旅行時的JR列車上，「大人の休日倶樂部」，提供了各項優惠方案。十幾年前，我根本認為所謂的「大人」就是「老人」，對剛過四十的我來說，還很遙遠。然而，這兩年來，日本積極推出許多「大人味」的衣著、居家、飲食、戲劇……都有一些令人低迴的感動，像是以輕井澤為故事場景的日劇《四重奏》，就是許多大人的心頭好。

大人應該更懂得品酒，與啤酒和白酒相比，紅酒的澀與醇，完美融合成「大人味」。最近某品牌啤酒卻也來搶占商機，推出了針對大人的新口味，廣告片中由妻夫木聰搭乘時光電梯，去拜訪不同年紀的「大人」，他們看起來充滿自信，有種淡定的怡然自在，享受著單一的美食滋味，像是海膽、壽喜燒或和牛，搭配生啤酒，並且簡短而準確的發表對於「大人」的定義。我最喜歡的是這樣一段對話：「『什麼是大人呢？』『對一切都能包容以對。我希望自己不要做個斤斤計較的人。』」這真是個崇高的理想，可是如果到了五、六十歲還無法達成，這一生也就沒有機會做到了吧。如果這一生都做不到，似乎白白來世上走了一遭。

廣告的最後一句文案是「不要變圓滑，要變成星星。」實在很具療癒力，「大人」的存在，就應該要閃閃發亮。睿智、慈悲、雋永，如果可以，我願成為這樣的大人。

這一年來，台灣也漸漸發展出「大人學」，走進書店，相關書籍愈來愈豐富，大人並不等同於老人，老人卻包括於大人之中，人生下半場，我們走的是「大人」的路途。日本文化觀察作家張維中如此定義：「『大人』這個詞彙，彷彿開始象徵的是一個新族群，一種新的生活型態、價值觀與獨愛的口味。」

年齡並不是界定「大人」的標準，走過不能按照心意過日子，總想著為成全他人而付出的年輕歲月，終於可以成為自己的主人。不必委曲求全，也不在意他人的眼光，活出自己想要的樣子，成為真正的「大人」。

我認識的許多七十歲上下的「大人」，保養得宜，體態優雅，容光煥發。嬰兒潮的第一代，沒經歷過戰爭，無匱乏與恐懼感，生長在由貧而富的時代，憑藉著自己的力量，在學界或商界大放異彩，如今雖然退休了，活動力依然旺盛，對世界仍充滿好奇。具有個人的審美品味，知道自己真正想要的是什麼，不輕易妥協，也不再患得患失。他們的生命態度與生活方式，給我很大的啟發。

七十二歲的日本女演員吉永小百合，為「大人の休日俱樂部」拍攝好幾年廣告，影像中的她有一張充滿故事的臉，總帶著盈盈笑意，享受著旅行、溫泉與美食，雖然是獨身一人，卻在許多時刻懷念著曾經同行的人生伴侶。在半醒半夢之間，能感覺到一雙溫柔的手，為她蓋上了溫暖的毛毯，那些被愛著的記憶，是永遠不會消逝的。影片結尾處，一行文案寫著：「大人，非常長久。」

歷時二十或三十幾年的大人歲月，其實比想像中更為漫長，我們將從哪裡出發？將會抵達哪裡？

獨立心時代

朋友的叔叔罹癌過世之後，做為小輩，他幫了許多忙，當告別式順利辦完，嬸嬸走到他面前，突然向他深深鞠躬，說道：「辛苦你了，真的非常感謝。」他慌忙答禮，以為嬸嬸只是太過哀傷。然而，自從那天起，親戚群組上就再也看不見嬸嬸的蹤影了。起初只是「已讀不回」，接著便退出了群組。親戚之間議論不斷，從擔心嬸嬸的狀況，到批評嬸嬸的冷淡無情。朋友說他其實可以體會嬸嬸的心情，叔叔是奶奶最小的兒子，也是最受寵的孩子，奶奶希望他們結婚之後可以住回老家，嬸嬸不肯。從那時候起，叔叔便有時住在自己家，有時陪奶奶住老家，其間發生過許多糾葛和不愉快。當他們的兩個孩子陸續到美國念書後，叔叔和嬸嬸認真考慮過離婚。然而，奶奶驟逝，離婚的事便擱置了，又過兩年，嬸嬸以去美國探親為由，與叔叔行分居之實。過沒多久，叔叔罹患了癌症。

朋友說他們到現在都沒能和嬸嬸聯絡上，只從美國堂妹那裡收到一則短訊：「媽很好，謝謝關心。」回想起嬸嬸深深一鞠躬，原來不只是道謝，也是告別。與大家的家族告別，也與過往的自己告別，在丈夫的告別式上。朋友恍然明白，不免有些慨嘆。

我想起日本近年盛行的「卒婚」，中年夫妻盡完養育子女的責任，卸下人生重擔，忽然意識到，未來歲月還漫長，不想再為他人而活；不想再妥協或遷就，於是，在保留住婚約的狀況下，各自追尋新的目標，天南地北，過起了分居生活。一紙婚約只是不肯決裂的溫情手法，實際上是各不干涉了。曾經想要在名分上求確認；在情感上求彼此相屬，人間鴛鴦，有過怨懟也有過央求；有過獨占也有過束縛，中年之後，漸漸雲淡風輕了。或許是對自己更篤定，在人際關係、社會觀感各方面，都更獨立自主。

年輕時追求的是經濟獨立，有了經濟條件之後，脫離原生家庭才能生活獨立。這樣的獨立，其實是在為建立新家庭與長久責任做準備，直到中年，發覺原本擁有的東西都在流失，坐在流沙高塔上的感覺是很驚惶沮喪的。那巨大的空洞，唯有心靈可以填補。中年人不得不轉過頭來，聆聽自己的心之音，到底想要什麼？想過什麼樣的生活？甚至會發出「我是誰？生存的意義是什麼？」的大哉問。

心靈獨立之後，才能思考生存的意義。

應該在生命初始便認真思考的問題，卻是要到中年之後，才有餘裕、氣力與膽量去面對。不再依附，不再隨波逐流，這是中年的覺醒，也是珍貴的禮物。

宕的延上半場

這兩年常在臉書上看見朋友貼文，悼念某位離世的友人，這些友人多半都是中年人，熱中的投入工作，對生活充滿熱情，發現罹癌時，往往是措手不及的，而後留下未竟之志與深愛的家人，告別人世。聽見消息的人總是「哀痛」、「難以置信」，無限的惋惜與悲傷。因為中年只是人生半途，應該還有許多風和日麗，或是雨雪黃昏，不該畫下句點的。

我覺察自己，也觀察同輩的中

年人，比起上一輩人，我們似乎更加不懼怕死亡，甚至視死如歸；我們擔心的是留下遺憾：「人生過處唯存悔」。

而我聽過最理想的故事是這樣的：他曾是科技公司創辦人，第二次婚姻才有了孩子，為了孩子的過敏症狀，決定搬到遠離塵囂的山中居住，於是讓出股份，提早退休。他帶著妻子、兒子、一隻狗與兩隻貓，重新學會沒有工作的生活。他們在後院闢出一片香草園，種植妻子喜愛的各種香草；也在地下室打造了一間視聽室，實踐了他的音響夢；他還在兒子八歲生日時，親手搭建了小小的樹屋禮物。當他們正式移居山間，看著變化萬千的山嵐和雲彩，他忽然想到年輕時的自己，是很愛攝影的。他找到了拍得順手的單眼相機，不管是花鳥蟲魚、自然景觀，或是家人與寵物，都成了上傳臉書的題材。因為曾動過心臟手術，朋友常勸他多保養，但他自己的說法是：「活多久不是我能掌控的，要怎麼活卻由我來做主。」

冷氣團報到的某一天早晨，他遛完狗，準備送兒子去上學，站在窗前喝咖啡，突然倒下去，再也沒有醒來。他的妻子在臉書上宣告他的死訊，用的並不是「噩耗」或「青天霹靂」這樣的詞彙，只是極平和的寫著：「帶著我們的愛與永恆思念，喝完一杯咖啡，他用自己的方式與世界告別。」認識他的朋友當然感到意外，卻同時有種說不清楚的情緒升起，他過著想要的生活，似乎又用著求之不得的方式完成了生命。他剛過完五十五歲生日，兒子只有九歲，卻有許多朋友留言，用羨慕的口吻與他道別，他在還來得及的時候，選擇了自己的生活方式。

人到中年，常發覺有許多的延宕：那些要做的事、該說的話、想愛的人，都被延宕了。有時是因為自己的退縮，更多時候是因為顧慮到他人。

拿出紙筆，將上半場延宕的次數與項目，一一記錄下來，而後發現，被延宕的愈多，就表示為他人的付出與犧牲愈多，對自己的虧欠也愈多。已經來到下半場的我們，怎能不好好彌補？

那些無常教我的事

從舊金山去酒鄉 Napa，差不多是一個半小時的車程，而我們一路停停走走，出發時正是午後，抵達時已是下午近五點鐘了。這一路都是藍得透亮的天，偶爾飄來棉絮般的白雲幾朵，如果有什麼硬要挑剔抱怨的，那就是天氣太熱了，與原先設想的秋高氣爽很不相同。

今年秋天的高溫不斷複製暑夏，令人心煩氣躁，聽說舊金山連夏天也是涼爽的，於是決心規劃一場小旅行，去感受真正的秋天。

這場長途旅行於我而言並不易得。自從兩年前，父母的健康狀況相繼出現問題，我便忙著跑急診室、守候在手術室、等待在各科門診外，父親缺乏安全感的時候，更囑咐我取消一切工作與活動，整天待在家裡，哪兒也不准去。在照顧著老父母的同時，自己的生活正一塊一塊的陷落流失，這讓我感到沮喪與窒息。所幸，近半年來父母親的狀況漸趨穩定，又來了一位勇於擔當的外籍移工，終於可以稍得喘息。於是，到遠方去，給自己一場旅行的召喚從內心深處響起。

幾個熟識的朋友聽說我要去旅行，覺得興奮，一邊又不放心的告誡我：「既然要出門，就好好放鬆心情，不要牽腸掛肚的。記得，要活在當下，因為這樣的時刻是稍縱即逝的啊。」

當我坐在下午五點半的酒莊樹林，和旅伴們開了一瓶甜酒，吃著豐富美味的三明治，進行著黃昏野餐時，夕陽正緩緩沉落。不遠處的木桌圍坐著七、八個非裔女子，她們已經喝了不少，又帶著幾瓶酒繼續喝，看起來是在慶祝某人生日。她們唱著歌，手舞足蹈，有時大笑著拍手，有時搶著講話，情感似乎很親密。有個高大的女子突然脫身走開，款擺著身子來到一棵樹下，隨意坐下來，敞開衣領納涼，而後支起頭來望著熱鬧笑嚷的朋友們，像是在欣賞一幅畫那樣。林子裡吹起了風，金黃色的細小葉片像一場碎雪，紛紛飄墜。在我眼中，這也是一幅極美的行樂圖。

兩天之後，我們返回舊金山，住到了日落區，走過幾條街口，便是大海與沙灘。夜晚臨睡前，嗅到了一股不尋常的氣味，旅伴說，好像是在燒乾草；我說，也許是有人在焚香？我們來到後院平台觀望一番，看不出所以然，氣味仍持續著，並不嗆人，也不難聞，就只是感覺奇異。天上的月亮很澄淨，星星遠遠近近的閃耀著，不知從哪來的風，一陣緊似一陣。

那個夜晚，特別悶熱，我們都沒有睡好。第二天早晨，便看見新聞，說是Napa一帶野火燎原，燒燬了整座城鎮。準備吃早餐的我們，突然都沒了心情，怪不得後院的平台和桌椅落了一層銀白色的灰。昨夜的氣味，是焚燒的葡萄園、釀酒廠、一幢接一幢的房舍，或許還有我們曾經憩息的野餐樹林？

這場火燒了許多天都沒能撲滅，我知道這就是無常。從來，無常就沒離開過，一直潛伏在我們之間，隨著我們笑談坐臥，行樂狂歡。無人可以對抗它，因為它才是真理，是名師，不斷的教誨世人，你所擁有的只是此刻，要活在當下，因為每一個時刻都是稍縱即逝的啊。

眼花撩亂心瞭然

拋棄了隱形眼鏡

我拿著點名表叫喚學生的名字，看著他們舉起手做為回應，一個又一個，眼看快要點完名了，「陳志國。」我喚著，沒人回應。「陳志國。沒來喔？」我再確認一次，拿起紅筆，準備標示缺席。「老師！」學生吶喊起來，「是王志國吧？他又不姓陳！」

啊？我把點名表貼近一些，那些框在格子裡的名字像蝌蚪一樣的浮動起來，搖頭擺尾。深吸一口氣，我把表格往遠處拿，再仔細鑑定一下，果然，差點被我記缺席的學生是王志國，下一位才姓陳，我把他們倆的姓與名合體了。

這樣的事，已經不是頭一次發生，我的驚惶也就不那麼激烈了。

「啊哈！」聽見這事的朋友笑著說：「歡迎加入老花俱樂部。」

將近五十歲時，聽見老花這兩個字，內心真是五味雜陳，尤其是這個「老」字，直接標出重點與事實，難以否認，心理上卻還不能接受。

年輕時常聽人說，如果有近視，到了老年就不會有老花，正好可以平衡一下。我竟然信以為真，直到近視沒減少，老花又來到，才驚覺根本是一場騙局。

老花並不是突然發生，而是循序漸進的。首先，在某些公開場合拿到名片時，凝注眼神，拚命聚焦，仍讀不出那些細小如螞蟻的字體，到底是哪些組合？印名片不就是為了要讓別人認識嗎？那麼小的字，搞什麼神祕啊？我在心裡嘟囔著，這就是所謂的藝術、文青的風格吧。

喜愛閱讀的我，總覺得印刷字體太小，這麼小的字擠在同一頁裡，真的能夠節省幾張紙呢？連我自己往昔出版的那些書，也被我嫌棄了，為什麼以前沒感覺這樣的小字閱讀起來如此疲憊呢？真是太不體貼讀者了。

收到我的稿件的工作夥伴或是編輯，一打開檔案，頁面比例是一五〇～二〇〇%，立刻有一種被播到的驚嚇感，好大的畫面啊。「啊，老師都用這麼大的頁面來創作啊。」他們喃喃的說。

「一〇〇%這麼小，怎麼看得清楚？」我理直氣壯的回應。

這樣的事一件一件接著發生，我卻仍沒有意識到，一味的抱怨著：「名片的字這麼小！書上的字這麼小！藥瓶上使用方法的字這麼小！大家都能看得清楚嗎？」我的眼尾餘光瞄見，身旁年輕人的臉上，閃過一種理解與悲憐。雖然，他們什麼話都沒說，只是沉默。

我的背脊冒汗，驚惶激烈來襲，終於明白，發生了什麼事。

以往母親需要穿針時，我總是熱心幫忙，如今，母親需要穿針，而我完全愛莫能助。這也是無可奈何的事，不只是母親會老，女兒也已經老了。

當我意識到被近視與老花夾攻時，便立刻配了一副看近的眼鏡，和一副看遠的眼鏡，只是換來換去很麻煩。接著又配了多焦鏡片，看遠看近時，眼睛需要轉換適應時間，下樓梯常有殘影，提心吊膽，好怕踩空了摔跤。

又過了兩年，終於換了更新的多焦鏡片，看遠看近無縫接軌，我幾乎忘記了自己是有老花眼的。

科技始終來自人性，我對未來更便利的老後生活很有信心。

「乾眼症才是痛苦的折磨吧？」剛剛進入四十歲的朋友哀號著。

是的，我為乾眼症所苦，已經好多年了。

自從十六歲配戴隱形眼鏡開始，眼睛就常是乾澀難受的，為了愛美，不願意戴眼鏡，各種新式隱形眼鏡都戴過，起初一、兩個禮拜好像見到了曙光，過不了多久，便又發作了。三十歲那年，眼科醫生告訴我，因為乾眼症的緣故，我不適合隱形眼鏡，還是配眼鏡吧。

我配了新眼鏡，卻還是無法拋棄隱形眼鏡，也許是因為曾有人說，我的五官最出色的是眼睛；也許是有人告誡我，不戴眼鏡比較容易談戀愛；也許是大家約定俗成，不戴眼鏡比較時尚，總而言之，一邊點眼藥與人工淚液，一邊戴隱形眼鏡，就成為了我的生活方式。

然而，這其實是一種焦慮的來源，當我出發去遠方演講，到達目的地的第一件事，就要衝進洗手間配戴隱形眼鏡。活動結束後，立刻找地方拆卸隱形眼鏡。有時候為讀者簽名簽得太久，眼睛愈來愈不舒服，笑容愈來愈僵硬，真有度日如年之感。最可怕的是連續幾天都有活動，戴過隱形眼鏡紅腫的雙眼還沒能充分休息，又得再戴上隱形眼鏡，那種痛苦的折磨，心理上的沉重壓力，真的不足為外人道。

自從創辦了小學堂之後，偶爾戴隱形眼鏡去上課，小朋友反而不習慣，紛紛發表評論：

「老師妳為什麼不戴眼鏡？感覺好怪喔。」「我們比較喜歡妳戴眼鏡啦。」「妳戴眼鏡比較好看喔。」

我也漸漸愛上了戴眼鏡的自在，那種氣定神閒的輕鬆，才是生活該有的樣子。或許是因為對自己多了點自信，覺得戴著眼鏡也是一種風格，好像更有個性呢。

有一次，和另一個中年朋友聊到老花的問題，他豁達的說：

「這樣挺好的，以前要睜一隻眼閉一隻眼，現在兩隻眼都睜著也看不清楚，就不煩心了。」說完之後，我們哈哈哈的笑起來。

其實，當我變得眼花撩亂，許多細微之處，無法看得很清楚，心靈卻更為通透，許多事，不必看也能瞭然。

所幸，到了這個階段，我們不再用視覺去認識世界，而是用覺察與經驗去理解世界，同理他人。

我的
妙嗚人生

無用之用的
寵物

那是一見來到我家的第三天，早晨我進去房間，坐在地板上，牠便過來圍著我打轉，我對牠說：「一見，謝謝你喔，你來我們家，爺爺奶奶都好快樂喔。」牠的雙手忽然搭上我的肩，小臉靠得好近，注視著我，對我說：「妙嗚。」

起心動念養寵物，確實是為了高齡父母，他們的身體狀況還可以，但是生活顯然十分空虛，沒有重心。我想像著，如果能養一隻寵物，應該會為家裡添加一些活潑的生氣。狗和貓都曾是考慮項目，最後決定了養貓，因為生活作息不十分規律的我，無法每天遛狗，而貓咪可以自己遛自己，大小便也會固定使用貓砂，對這個階段的我來說，是更合適的選擇。

貓咪從哪裡來？剛開始，我在網路上亂找亂逛，覺得領養好像也不是件容易的事，後來知道了貓咪中途之家，這才突然看見了光。

中途之家從收容所將小貓帶回去，替牠們治病，餵牠們吃奶，並且做了親人訓練，因此，中途之家的貓咪，真的很適合新手家長。我的一見是從內湖收容所來的，一露則是從宜蘭收容所來的，牠們來到中途之家的時候，都只是幼弱的奶貓。

近距離與一見初相見，牠就主動靠過來蹭蹭，還銜著逗貓棒給我，要和我玩。這是我第一次這樣靠近貓咪，覺得像是受到了榮寵那樣，又驚又喜，中途之家的創辦人老嫗淡淡的說：「不用太高興，牠們是被人奶大的，看到人都這麼親。」一盆冷水兜頭澆下，我不禁納悶，人稱老嫗的這位媽媽，妳到底想不想送養貓咪啊？後來才明白，她當然很想送養，但是擔心領養人懷抱著太浪漫的想像，或是無法從一而終，或是養了之後沒能好好照顧，人與貓都得不到幸福。她的擔憂很多，於是看起來彷彿有點冷淡，了解她才知道，其實她真的是一團火。

來到這個中途之家「讀貓園」之後，我就被黏住了，在玻璃屋外看著幾隻小貓跳上跳下，而後，六個月大的一見走進我的眼瞳，鼻頭到嘴部一圈深褐的斑記，好像戴了口罩，看起來那樣討喜，因為牠頑皮好動，當時的詢問度是零。然而我確實被牠深深吸引，看到牠憨憨傻傻的樣子就想笑，我想自己真的對牠一見鍾情了。原本三月就想帶牠回家，因為父親摔斷腿而延宕，到了六月，我以為牠已經找到歸宿，卻發覺長大了不少的牠，仍在玻璃屋裡跳上跳下。「嘿，你是在等我嗎？」我輕聲問牠，牠直起身子攀上我的腿，就是牠了，我心裡想。

養貓的朋友跟我說：「不要急，妳會找到屬於妳的貓咪。」這種命定的感覺，對我來說特別有說服力。

為了跟一見多多親近，我又去了「讀貓園」幾次，發覺有一隻三花貓常隱身於高處，機警的觀望著，並不親人，甚至也不親貓。有一個下午，我看見玻璃屋裡的一見和三花蜷在一起睡覺，三花先醒過來，極溫柔的幫一見舔毛，就像一個好姐姐那樣呵護著弟弟。當我和一見玩耍的時候，三花靜悄悄潛到我身邊趴下，我試著摸摸牠的頭，牠竟然翻肚讓我摸，毫無警戒的鬆軟模樣，一下子攫住我的心。老嫗說起三花的身世，當她從宜蘭帶回兩隻奶貓時，與三花同胞的另一隻，幾天後便猝死了，為了擔心三花也會遭遇同樣的不幸，於是將牠隔離。然而小三花活了下來，等到六個月準備結紮前，突然大病，送醫治療發現是子宮蓄膿潰爛，已經很嚴重了。雖然動了手術，也不知能否撐得下來，只得繼續隔離。然而，三花頑強的活了下來，只是變得敏感、退縮、容易受驚嚇，常常躲藏起來，不太親人。

真是個生命鬥士啊，我看著已經一歲半了，仍在領養區等待一個家的三花，想起一句諺語：「一枝草，一點露。」我可以是滋養牠的露水，我可以給牠一個家。

牠有了一個新名字，叫作一露，成了一見的姐姐。

裝在硬式籠子裡，要把雙貓帶回家之前，先去動物醫院將貓咪體內晶片改為我的名字，雖然只是幾秒鐘的瞬間，對我而言卻有了非凡的意義。從此以後，我和兩個生命體有了深深的連結，我們沒有血緣，卻彼此相屬，至死方休。

一見呈現亢奮好奇的狀態，在籠子裡動來動去，靜不下來。一露卻是完全厭世的委頓著，憤怒又哀傷，顯然以為又有大災難和痛苦即將發生了。老嫗不放心的叮嚀我：「如果牠不吃不喝，過了三天都這樣，請把牠送回來。」我知道這個囑託的分量，慎重的點點頭。

約莫花了一個月的時間，一露才漸漸有了安全感，能夠正常的吃飯、睡覺、遊戲；一見則是適應良好，快速的長大，強壯起來了。

看著貓咪吃乾糧的樣子、吃罐頭的樣子、吃零食的樣子，總忍不住的說：「好可愛喔。」看著牠們跳起來捉逗貓棒的樣子、趴下來睡覺的樣子、翻滾在一起扭打的樣子、一根橡皮筋就玩得好開心的樣子，我感到疑惑：為什麼牠們只要吃吃睡睡和遊戲，就討人喜愛了；做為一個人，我們卻得疲於奔命，耗損精神，不斷追求成功與價值，為的是討人喜歡或令人尊敬？難道我們本身的存在沒有價值？

貓咪的身體雖然小，愛的能量卻很大，牠就是懂得愛，愛老的、弱的、需要被撫慰的人。牠不會因為誰的顏值高、名氣大、財富多而去愛誰，牠會回報的是愛牠的人、照顧牠的人。沒有欺騙、背叛、虛偽、狡詐，是最純粹的愛。

貓咪愛好自由，不喜歡被束縛，強制是無效的，只能讓牠心甘情願的靠近。於是我們學會了，必須等待，讓彼此自由，愛才能生生不息。

如果我在小時候就能和貓咪相處，從貓咪身上學到的事，肯定很多。不必做一個很有用的人，只要能享受活著的感覺，與人為善，就是最大的用處了。人到中年，應該要有這樣的領悟。

一露依然不太親人，偶爾表露出熱情時，便為我們帶來甜蜜的驚喜。一見相當親人，當我行走時，牠會突然從我腳旁竄過，好幾次差點把我絆倒。於是，關於老後的景況有了這樣的想像：當我老了，依然與貓同居，某一天早晨，當我吃完早餐和水果，準備到廚房清洗碗盤時，貓咪突然竄過來將我絆倒，我仰摔而下，砸破了頭，血流不止卻無力起身，於是，靜靜躺在地板，將過往人生的許多畫面再播放一次，直到闔上眼睛。

「啊，那不是好幸福？」聽著我描述的朋友羨慕的說。

「對呀，我也覺得。」真高興有人理解。

朋友問我，養貓半年了，有什麼心得？

「要聽長版還是短版？」我問。

朋友說短版就好。

我想了想，對他說：

「妙嗚。」

不生氣也不爭氣

我從大學出走了

鐘聲響起，期末考的最後一堂課，學生早就在教室裡嚴陣以待了，他們的資料從桌上堆疊到地板，因為我的考試都是開書考的，沒有標準答案，「所以才最難」，學生們這樣說。長久以來，我在大學中文系開設的多半是現代文學課程，有許多是可以直接運用在現實社會的生存競爭的，像是「旅行文學」或是「飲食文學」，也因此引起某些同事的質疑：「現代文學不就是白話文嗎？只要認識字的都能教吧？學生是為了投機取巧才選課的吧。」

為了不讓學生投機取巧，我的課程一點也不輕鬆。每次上課前，學生必須讀完幾篇文章或一本書，而後在本科設立的部落格上留言繳交作業，貼文時間與字數都有限制。考試時看見學生拖著行李箱入場，裡面裝著滿滿的應考資料，也不免捫心自問，這樣會不會太超過了？

然而，為了洗刷學生們的投機汙名，這樣的訓練是必須的。於是我便咬著牙，一屆又一屆的堅持下去了。

衝出池塘，游進大河

在大學裡教書超過二十年，從上個世紀到這個世紀，學生的型態必定有很大改變，起初幾年在教室裡看見學生求知若渴、閃閃發亮的眼神，對教學這件事有了更大的熱情。到了這幾年，玩手機的、打瞌睡的、姍姍來遲的，或是乾脆神隱的學生愈來愈多。每當我露出倦勤的神態，便有已畢業的學生或是年輕同事勸我：「老師，妳的情況已經很好了。」

當我看見別的課堂上，學生是從最後一排往前坐，坐滿後三排，與老師隔著海峽一樣的距離；而我的學生早早就來教室，為的是能搶到第一排座位，這樣才能與我互動，我知道這樣的情況已經很好了。我的課都是選修，卻常常爆滿，沒有開不成的；為了減少上課人數，我故意把課排在上午一、二堂，卻也沒產生什麼嚇阻作用；我的課堂評鑑每一個科目都能拿高分，我知道這樣的情況已經很好了。

然而某些時刻，惆悵感還是洶洶來襲。

在「現代小說與習作」的課堂上，有個夜間部女學生交來的小說習作，一大段都是抄襲自張愛玲的小說，我告訴她，在文學創作中，抄襲乃是大忌，也是一種欺騙行為，女學生義正辭嚴的回覆：「抄襲不是妳說了算，我只是參考了一篇小說，並不知道那是張愛玲的，不用給我扣那麼大的帽子。」

「抄襲就是抄襲，不是參考。如果妳連抄襲和參考都分不清，那真的很嚴重，這不是創作問題，是品格問題。」講這段話的時候，我已經氣到發抖了，卻仍努力心平氣和。

多年後我學會不生氣，去理解每個學生說出的話，做出的行為，都有背後的形成原因。教學於我而言，漸漸進入行雲流水的境界。

然而，系上的爭鬥或張或弛，從未休止，我既不屬於任何一個派系，不想捲入任何一場戰爭，就顯得更加孤立了。曾經我試著想做調停人，卻發覺兩派都有著英雄的悲壯感，都認為自己發動的是聖戰，指責對手時毫不留情，義憤填膺。生氣，只會令我們目盲，看不見自己的謬誤與偏差，是我從這些鬥爭與英雄身上學到的。

年輕時人生第一志願就是進入大學教書，並不是貪圖大學教授的頭銜，而是以為在學術單位工作，應該是比較單純的。等到真的進入大學才發現，大學的資源是固定的，比方開課時數、選課人數、申請學術研究經費等等，就像小池塘裡擠滿大魚，怎能不碰撞激鬥？那些年我一直在做的事，就是衝出池塘，游進大河裡。「相濡以沫，不如相忘於江湖。」莊子的這句話，我算是身體力行了。

也就因為打定主意不捲入紛爭，也不生氣，才有時間和心力去資源豐沛的大河裡自在泅泳。

新的階段，新的出發

過了五十歲，人生進入新的階段，我認真思考辭去教職，離開大學。聽見的人都覺得可惜，「為什麼不繼續留在大學？多少人想進還進不來呢。」

就是因為許多年輕的老師都進不來，我離開了就能騰出一個教席；當我離開大學之後，將會有更充裕的時間，可以陪伴照顧父母親，豈不是兩全其美？

最難的其實是要過父母這一關。自小我的成績就不好，是親戚朋友的孩子中，學習成就最低的。每次拿到考試成績，父母不是眉頭深鎖，就是無語問蒼天。沒想到我竟然逆勢上揚，出了書，念完博士，還進入大學教書，總算讓父母揚眉吐氣，洗盡前愁了。想不到剛過了五十歲，竟又突發奇想要離職。每當我一試探，二老便默然不語，話題戛然而止。但我並未死心，過了一年多的某一天，舊話重提。母親終於望著我，憂心忡忡的說：

「我們不是不支持妳，可是，妳如果辭職，就連一個正當的工作也沒有了。」

我突然想到李安的父親曾經對李安說：

「以你目前拍電影的狀況，應該是有機會拿奧斯卡獎的。等你拿到奧斯卡獎的那一天，可以去找個正當的工作嗎？」

我出書三十幾年；擔任電視和廣播主持多年；創立了「張曼娟小學堂」十幾年，而我的母親卻擔心我離開大學就沒有「正當工作」了。我沒有生氣，只是思考怎麼樣讓她放心。隔了兩天，我對她說：「媽媽請不要擔心，因為我是個『正當』的人，所以，不管我做什麼，都會是『正當的工作』。」一年之後，我終於離開了大學。

不想再爭一口氣

章回小說《金瓶梅》裡指出，人生最難勘破的四件事就是「酒、色、財、氣」。前三者因為具象，很容易理解，至於「氣」到底是什麼？是生氣？鬥氣？頤指氣使？有沒有可能還包括了志氣與爭氣？從小我們便想著要有志氣，不可輕易服輸；想著要爭氣，不能讓別人看不起。這其實也是許多苦惱的根源，尤其是「爭一口氣」。

被要求爭一口氣的人，應該就是像我這種各方面表現都很平庸的孩子，我們的面前有一長串需要追趕的優越者，卯足了勁向前跑，卻依然落於人後，不但不能爭氣還總是漏氣，累積了許多挫折，無法建立自信心，看不見自己，只有前方的目標。

作家戴晨志曾經出版過一本勵志書《不生氣，要爭氣！》，當年真的激勵了許多人。人到中年，我倒是覺得，不僅不生氣，也不要再爭氣了。當我們的年紀愈來愈大，便會發現，身分、地位與頭銜，不過都是鏡花水月，花了很大力氣爭來的，卻是人外有人，天外有天。唯有不爭氣，才能看清楚自己真正想要的生活，毋須與他人比較爭競，也不在意別人的眼光和評價，至此才能真正掌握人生。

找回
遺失的自己

沒有自己
便一無所有

在香港光華新聞文化中心演講的那個夜晚，心中很興奮，因為可以見到惦記著的朋友們。雖然之前已經歷了六家媒體，七個多小時的連續訪談，卻沒有一點倦意。一個半小時的時間分享著自己這些年的心路歷程，五十歲之後，很多懸而未決的事都漸漸確定了，我知道自己將會在城市生活中「孤獨老」，而後也會「孤獨死」，但我並不懼怕孤獨，因此也不覺得這是一件悲慘的事。

中年的我已經明白，人生難免一死，而在邁向終站之前，如何安排自己的生活，不致有太多遺憾，這才是重要的事。

為什麼我不快樂？

在我的獨白演講之後，特地留下半小時，跟現場的來賓互動。第一個舉手發問的女士，約莫六十開外，精明幹練，她蓄著披肩長髮，容貌精心妝扮，身材保持纖瘦，名牌套裝與包包，十足是貴婦架式。其實我一開場就注意到她了，因為她坐在第一排預留的貴賓席最中間，看來就是主辦單位的VIP。

這位女士說她經營著一間醫美王國，是香港知名的成功人士。我突然感覺臉燥，倒不是因為有眼不識泰山，而是因為在剛剛的演講中，我才說了自己拒絕醫美的決心。「老來的崩壞是不可避免的，那麼就讓它發生吧。我想試試那是什麼狀況，這也是一種挑戰，我希望有勇氣接受真實的自己。」沒想到，醫美王國的女王就坐在我面前呢。

醫美女王說她是名校畢業的，自己創業，建立了許多人羨慕的企業，她說她結婚了，有美滿家庭，有兒有女，連孫子都有了，她說大家都覺得她很成功，她自己也認為自己是成功的。「可是，我覺得我並不快樂。」她懇切的看著我，再說一次：「我不快樂。」而後她問我：「為什麼我不快樂？」

她有美貌、智慧、家庭、事業，從年輕到現在，依然站在巔峰狀態，別人想望的、欠缺的、追求的，她都已經擁有。然而，她覺察到自己並不快樂。她向一個看起來有很多欠缺的陌生人詢問，怎樣才能快樂？

曾經，我也是不快樂的。當我努力符合別人期望，去扮演另一個人的時候；當我把別人當成生存目標，忘卻了自己需求的時候；當我太渴望別人所擁有的東西，忽略了自己也有珍貴特質的時候。總而言之，當我不是我自己的時候，我就不快樂。

一個人如果不能做自己，不管擁有多少別人羨慕的東西，不管爬到多高的地位，都不會快樂，因為那不屬於你，也不是你真正想要的，於是，回首人生只感到空虛。

為什麼懼怕自己？

「一個人想要『做自己』，就算傷害了別人也無所謂嗎？」每當我在臉書或是公開場合提到「做自己」，就會有人不以為然的質疑。

我也覺得疑惑，「自己」到底是什麼樣的洪水猛獸？忠於自己就一定會傷害別人嗎？為了不傷害別人，我們不能做自己，只好一輩子偽裝成另一個人，直到老後，壓抑的情緒一股腦爆發開來，憤怒、委屈、怨天尤人，成為一個可悲的老人。

所謂「做自己」，就是不再為別人的期待而偽裝。

但是，真正的自己，是否符合我的期望？我做了真正的我，能得到別人的接納與喜愛嗎？有時不只是別人，就連我們自己，也會對自身產生期待，如果真正的我，不夠完美，不討人喜歡，又該如何？要接受真正的自己，也是需要勇氣的。同時得相信，真實的自己比偽裝的那個人更好，更有存在的價值，更加可貴，更值得愛。我們想要變得更好，為了讓自己更好，我們不會任性，不會蠻橫無理。我們會更有同理心，更能體貼別人的需求，最重要的是，我們能保持個性，能發揮生來就具足的才能與潛力。

三十幾年前，我出版了第一本書《海水正藍》，封底有張作者黑白照，是燈影下的半張臉，似隱若現，這本書暢銷之後，讀者就有了一個既定印象，覺得我是個長髮披肩、穿著飄逸、感性又浪漫的女作家。二十幾年前我就剪短了頭髮，直到現在仍有讀者見到我時，露出驚異的表情：「妳不是長頭髮嗎？」

不是，我不是長髮；我不再是年輕女作家；我甚至也不那麼浪漫。讀者會不會因為我不是長髮，就覺得我的演講不值得一聽？會不會因為我不如想像中浪漫，就覺得我的書不值得一讀？迄今，這樣的事還沒發生過。

我的短髮已成為個人風格了，想飄逸就穿裙子，想帥氣就穿褲裝，對於做自己這件事，愈來愈有信心。

二〇一一年，我被當時的新聞局徵調到香港，擔任光華新聞文化中心主任，做的是推廣台港文化交流的工作。剛滿五十歲的我，覺得這是個嶄新的挑戰，便欣然赴任。到香港去的時候是十月，天氣漸漸寒涼，我常穿著長靴搭配裙裝或褲裝。有一位經常陪同我出席活動的祕書，終於忍不住發話了：

「主任，您的裝扮好像應該更正式一點，比較妥當。」

「我哪裡不正式了？」

「就是您的鞋子，這樣感覺跟穿雨鞋差不多，不太正式。」

我看著自己保養得相當不錯，並且常受到讚美的靴子，說不出話來。

我再看看祕書的鞋子，典型公務員的淑女款包鞋，於是恍然大悟，我本來就是非典型公務員呀。如果主任的工作需要的是典型公務員，就不會派作家來就任了。既然來的是作家，不就是為了展現個人風格與思維嗎？

「別擔心。」我對祕書說：「靴子是時尚，而且，大家慢慢會習慣的。」

當一個人決定做自己之後，做自己的時機就愈來愈多了。

用擅長的方式做自己

「活到五十歲了，人生已經過半，當然想要做自己。但是怎麼樣才能做自己呢？」在演講時，曾有一位男性讀者這樣問我。

用自己的方式做事，用自己的方式待人接物。我是這樣跟他說的。

當年我剛到香港工作就被警告，某位僑界主席已經放話，要給新主任下馬威。

我可以理解，這應該是因為之前的恩怨，他想出一口氣。但是，因為光華一年一度的大型活動，一直與他們有合作關係，因此，不得不謹慎應對。第一天下班後去參加僑界活動，遇見許多台商的商會會長、祕書長，大家都對我相當熱情親切。而我很快發現了那位主席的身影，他穿著鮮豔的西裝，花蝴蝶一樣的穿梭會場，與大家打招呼，偏偏就略過了我，擺出完全無視的態度。我臉上一直保持著微笑，與友善的朋友談話，希望這就是所謂的下馬威了。

然而到了第二天，原訂三位前後任主席宴請光華主任的午餐，那位主席卻故意缺席了，使得另兩位前輩主席尷尬不已，一邊打電話催人，一邊頻頻致歉，說真是太失禮了，請我見諒。我忙著說沒關係，心裡暗覺不妙，看來不只是下馬威，根本已經是點燃戰火了。

果然，隔了一個星期的某場晚宴，我們又見面了。同桌的主席大聲嚷嚷喧譁，叫我要向全桌的每一位敬酒，我原本就不善飲，為了表示敬意，便站起身說明自己的身體狀況，而後用一杯酒敬大家。滿桌的賓客都滿意了，偏偏主席不滿意，他說：「叫妳喝妳不喝，就是不給我面子嘛！」舉起酒杯，他示意服務生為我斟酒。身旁的同事連忙舉起杯子，一飲而盡。

「主席，我們主任真的不能喝，我幫她喝啦。」

「我就是要她喝。」主席目光灼灼盯著我看。

同桌的其他男士已經開始勸解了：「不是說了不能喝嗎？」「剛才不是已經敬過酒了嗎？」

我完全明白，這根本不是喝酒，這是權力的展現，這是威逼。我問自己，為了一份有意義而又衷心喜愛的工作，我願意付出多少？

「那麼，我就只喝一口，表示對主席的心意吧。」我微笑著，緩緩的說。

「全乾。」主席沉沉的說。

我舉杯啜飲一小口，放下，推開。

滿桌的男士都指責主席沒風度，又忙著幫我布菜，怕我不勝酒氣。得罪了主席，就要打包回家嗎？如果這個工作就是得卑躬屈膝的陪人喝酒，那麼，我真的很願意回家了。

所幸，當時的長官，許多台商前輩們，給了我很多支持與幫助。而我見招拆招，不卑不亢的一路闖過來，保留了自己與同事的尊嚴。同時，在辦活動時，更加卯足了勁，在媒體宣傳上也刷新許多紀錄。

離開六年後，再返香港光華中心演講，與媒體朋友敘舊，有位記者朋友的報導中寫下這樣一段話：

我結識了其他幾位很棒的主任。但與眾不同的是，每一次大小活動，哪怕入夜，她必佇立門口親切歡迎，或站立一側默默陪伴。看得出，每一日她都在用文人細膩的心做好官職工作。

而那道美麗的風景，亦長久駐留在我心中。

在香港工作的那段時間，確實有過艱難時刻，曾經輾轉難眠、曾經委屈落淚，如今保存在記憶中的卻都是美好時光。我記得來到活動現場的香港朋友，離開時會對站在門口的我說：「主任，謝謝妳這麼用心。」

我們向彼此鞠躬，說著：「下次再見。」

拖著疲憊的身軀回家，車窗外的繽紛燦亮燈海，正一盞盞熄滅，我感到此時此刻置身於此，真是無比的幸福。

用擅長的方式把事情做好，不必迎合他人；不必委屈自己，我發現了內在的力量，喜愛真正的自己。

曼娟談心：就算外貌崩壞也是歲月給的禮物。
https://goo.gl/n4jwga

自私是一種美德

拒絕的勇氣

我走進辦公室，看見其中一位同事擰著眉頭講電話，另外兩位同事用一種同情的眼光看著我，就知道發生了什麼事。講電話的同事正在解釋：

「不是只有短短兩個小時的問題，加上來回車程也要大半天，而且，老師每一場演講都要花很多時間準備……」

「有沒有去演講跟有沒有愛心是兩回事吧？」

「老師確實是很忙碌的，她每

天都有很多工作要做呀……」

好像總是這樣，每當演講邀約的電話打進來，邀請方總是無法接受拒絕，必定苦苦相勸或說服，甚至要搬出「這也算是做公益」或是「如果有愛心就不會拒絕」這一類的話。於是，最後的結論就是：「只不過耽誤兩個小時的時間做公益的事都不願意，真是太沒有愛心了。」

明明是一個邀約，一旦拒絕，就覺得像是做了一件壞事，甚至變成了一個壞人了。很多時候，我們難以拒絕許多人和事，恐怕也都是這樣的情結吧。就花一點時間幫幫忙，讓別人開心吧，我們這樣想著。於是，在這裡花一點時間，在那裡又花一點時間，好多點時間都給了別人，而我們自己該做的事、想做的事，反而耽誤了，這下子不開心的就是我們自己了。為什麼我們天天與人為善，卻覺得不開心呢？因為，我們沒學會拒絕。

年輕時候為了討人喜歡，我幾乎是無法拒絕別人的，而後我發現，需要幫忙的事愈來愈多，需要幫忙的人也愈來愈多。有時候做好了這件事，沒做好另一件；幫到了這個人，沒幫到另一個，於是招來埋怨與指責。怨怪的人並不會因為我曾經給予他的幫助而諒解我，這讓我感到沮喪，也感到驚奇。原來，當我們一再的答應別人，給予幫助，只會讓別人感覺理所當然。

我的朋友美琴和先生開了一家貿易公司，因為生意還不錯，嫂嫂和弟弟都在公司裡工作，她的先生因為心肌梗塞過世，她又奮力撐持了五年。美琴過了六十歲生日，感覺體力大不如前，很想將公司脫手，可以自在的四處旅行，也可以去美國和女兒、外孫小住一段時間。嫂嫂和弟弟捨不得她把公司賣掉，卻也無力買下公司，協商了許久之後，美琴年邁的母親出動了。母親先誇獎美琴這些年幫了家裡很多，讓哥哥、嫂嫂、弟弟、弟媳婦都能買房子，而後，話音一轉就勸美琴不要那麼計較，人活著只要有一口飯吃就可以了。公司不要賣別人，意思意思，一、兩百萬賣給弟弟就好。美琴解釋給母親聽，她的公司已經有買家了，買家願意出五千萬，怎麼可能賣給弟弟？母親勃然大怒：「啊妳這個人怎麼這麼自私！」

美琴傻在當場，她環顧一旁的手足，突然明白，他們都覺得她是個自私的人。雖然她已經打拚了那麼多年；雖然在她的幫助下家人的生活過得很好；雖然她已經安排好了嫂嫂和弟弟的退休金等等，他們還是覺得她自私，因為她做的決定不符合他們的期望。他們期望她放棄五千萬，只取一、兩百萬，否則就是自私。這種違反人性的期望，難道不自私？

美琴悍然決定當一個自私的人。她說先生與她胼手胝足創建公司，餐風宿露的四處打拚，年輕時有一餐沒一餐，為的都是要成功。體力透支太多的結果，先生中年驟逝，帶給她很大的悲痛和警示，必須要好好活著，應該要享受人生。該做的都做了，該給的都給了，她想過自己想要的生活。如果這樣就是自私，她說她就要自私一次。

我的學生建新在國小擔任代課老師，他近來常常接到電話，父親要求他到醫院去陪伴癌末的叔叔，帶給他很大困擾。「你和叔叔感情很好嗎？」我問他。他說一年見一次面，算不上熟。「叔叔自己沒小孩嗎？」他說叔叔有三個小孩，一個在念書不能分心，兩個在工作不能請假。「你也有工作不是嗎？」他說爸爸覺得學校裡老師多，請一下假也不會怎麼樣。「爸爸為什麼不來照顧？」他說爸爸在南部工作，還沒有退休。「難道不能請個看護嗎？」叔叔說外人照顧他不習慣，還是要自己家裡人，所以都由嬸嬸照顧，但因為嬸嬸身體也不好，所以希望建新能去幫忙。

建新後來終於告訴爸爸，他不能再請假了，他會丟掉工作。爸爸叫他好好跟學校講一下，學校會諒解的。建新說根本不可能，勸叔叔請看護吧。爸爸很生氣的罵：「養你養到這麼大，怎麼會變成這樣自私的人！」

建新紅了眼眶，很委屈的問我：「我真的是一個自私的人嗎？」

我想，他的自私應該排在很後面。他的爸爸既然如此愛護手足，為什麼不請假或提早退休來照顧？叔叔有三個孩子，為什麼不能輪班去醫院？叔叔明明生了重病，為什麼不肯請看護，而要如此折騰家人？在我看來。這些人都比建新自私。為了利己，向他人提出要求或索討的人不自私；他人因為做不到而拒絕了，反而是自私。這是什麼神邏輯？

心理學大師榮格曾經說：「與其做好人，我寧願做一個完整的人。」關於拒絕，我此刻的想法是，如果不拒絕那些不想做的事，就沒有時間與心力去做真正想做的事了，這是生命的浪費。

關於自私，我不再懼怕這樣的指控了。雖然無法滿足別人的期待和欲望，但是能把自己該做的事做好，不造成他人的負擔，這已經是一種美德。

拒絕乃是必須，自私實是美德。

相愛的條件

失去也是一種愛

第一則／淺水魚與深海魚之戀

Alicia 近來失戀了，四十歲女人的情感創痛是緩慢的、內斂的，像深夜的潮水侵蝕著沙灘。她原本以為找到的是此生的真愛，那個古意的男人卻在兩年之後，執著她的手，懇切的對她說：「我們是不一樣的人，妳是深海魚，我是淺水魚。」這譬喻聽起來頗有深意，但，到底是什麼意思呢？「深海魚潛得很深，去牠想去的地方，吃牠想吃的東西。淺水魚沒辦法到深海去，只能浮在淺淺的水中，有什麼就吃什麼，沒得挑。我很羨慕妳是深海魚，但我只能是淺水魚。」

聽完這樣的話，Alicia 的眼淚就掉了下來。

她說她好心疼，卻感到愛莫能助。當女人很年輕的時候，常以為在愛之中，自己神通廣大，無所不能。四十歲的女人，才會了解自己其實是無能為力的。

男人離過婚，原本和哥哥一起做生意，哥哥去大陸投資發展，非但沒有鴻圖大展，反而背了一屁股債，再加上一身的病。男人扛起債務，還要照顧在學的兒女，以及生病的哥哥。他不能做想做的事，不能去想去的地方，甚至不能愛視若珍寶的女人。

「但妳要記得，我離開是因為愛妳，不想拖累妳。」分手的時候男人再次強調。

Alicia 是單身，父母家人移民溫哥華，她有假的時候，就飛去和家人團聚。沒假的時候拚命工作，年薪兩、三百萬，已經是科技公司的企畫總監了。每兩年做一次例行性的健康檢查，除了偶發的失眠和輕微貧血，她對生活中的一切都很滿意。她知道自己是深海魚，卻沒想到愛上了一尾淺水魚。

她獨自駕車去北海岸，與男人的車發生了擦撞，是這樣擦出火花的。她的手腕有點扭傷，他們坐在海邊等候警察和保險公司的人，男人溫柔的為她按摩，並且告訴她，阿公是推拿師傅，他擔任過助手，請她不用擔心。他粗糙的手指觸碰到她膩滑如水煮蛋的手腕內側，兩個人都有些戰慄。

「我曾想過嫁給他，與他一起扛債，幫他照顧家人。可是，和他的家人相處過幾次，我發覺，這是太困難的事。我做不到，說到底，我是一個自私的人。」Alicia很坦白的說。如果嫁給男人，她會從心甘情願的付出到漸漸疲憊，無以為繼，感覺自己陷在籠網中，困頓掙扎，那深深的愛，最後成為重重的怨。

不管到了什麼年齡，愛情對女人來說，都是一件很重要的事，像陽光、空氣和水。Alicia當然也追求愛情，但是，她的愛並不盲目，她是一尾自由的深海魚，對於愛情的投資是節制而警醒的。

兩尾魚在深淺交界的水域相遇了。共同做了一場魚水之歡的好夢，然後，淺水魚浮起，深海魚旋身潛進深深的、深深的海洋，帶著相愛的記憶。

第二則／重返美麗新世界

親愛的失戀者：

那是一個陽光燦亮亮的秋日，我行走在異國的街道上，帶著鹹味的海洋空氣飄浮著。不久前剛剛和戀人吃過午餐，他點了一個番茄海鮮披薩，滿滿的鮮蝦、蟹肉與鯷魚調味，還加了新鮮芝麻葉和紅辣椒，正是我的最愛。我點了加冰可樂，他點了生啤酒，直起身子可以眺望到海的邊緣，再往上走一段，就是我短期租賃的小公寓，也是我在遠距離戀愛後，決心和戀人朝夕相處的假期。離開自己的故鄉，到戀人的故鄉去，眺望著他日日看見的風景，品嘗著他常常光顧的飲食，這也是一種親密關係吧。

吃完午餐，戀人領著我去到一間雜貨店，挑選了掃把、畚箕和拖把，因為我想把居住空間打掃得更乾淨，讓它真正變成我的地方。買完了這些清掃工具，戀人伸手接過去，我遲疑了一下，因為他是個注重形象的男人，拿著這些東西走在路上，簡直沒有形象可言，但他還是堅持要接。我背著清潔劑一類的東西走在前面，回頭看著他，雪白的襯衫捲起袖子，領帶已經拉鬆了，因為並不常做這樣的事，顯得生疏，卻很認分。當他看見我轉頭，便對我展露了一個安慰的笑容，「沒問題的。」無聲的話語我聽見了。

那時候我覺得自己非常幸福，在這樣的愛與被愛中。沒想到半年不到，就失戀了。並不是因為第三者，而是情感淡了，後繼無力。

「我發現，妳並不是我所以為的那個人。」這是我得到的解釋與說明。

那麼，是因為發現了我真實的樣子，所以無法繼續相愛嗎？若干年後的某一天，當我在長途飛行的夜晚，不期然的想到這件事，想到那個寒冷的春天，我曾因為這句話而瑟縮在火爐畔哭泣，突然，竟忍不住失笑了。

如果那個男人曾因為他自己的幻象愛上我，那麼，當他的愛意消失，我又有什麼損失呢？我甚至應該感謝他擁有的幻象，讓我能獲得一段美好純粹的愛情。

親愛的失戀者，你的戀人愛的是幻象？還是真正的你？如果是真正的你，已經是件幸運的事了。我寫過太多關於戀愛與失戀的文章，失戀時的痛苦也描繪得淋漓盡致了，像是「夜很深很靜時，痛苦尖銳來襲，從指尖開始，沿著血管與神經，你幾乎可以看見它以怎樣的方式迅速的吞噬宰制你。無法招架也不能逃避，你產生如此確切的感受，指甲和髮梢也有痛感，不能倖免。」然而來到中年，我必須說，失戀之後，其實是重返美麗新世界的契機。

你可以做自己想做的事；看自己喜歡的電影；玩自己著迷的遊戲；穿自己最

愛的衣著；用最適合的方式安排自己的旅行。不用提心吊膽的看另一個人的臉色；不用緊張兮兮的報備行程；可以找回那群臭氣相投的老朋友；可以放心結交異性朋友，甚至搞點曖昧也不礙事。重新整理臉書上的好友名單，記得務必把過去式的人一概刪除或封鎖，沒必要讓已經不相干的人干擾生活。

好好享受做自己的時光，沿著河堤跑步，養一、兩隻黏人的寵物，到遠遠的異鄉過日子，面向大海，春暖花開。

第三則／最迷人的是戀愛中的自己

人們在三、四十歲的時候，比較熱中分享失戀經歷與愛情故事，帶著些懷舊與浪漫的心情，過了五十歲以後，就不那麼容易開啟這個話題了。若不是因為年輕人失戀之後，殺人又自戕的新聞躍上社會版面，恐怕很難聊起來。

「直到現在，偶爾夢見初戀女友，醒來後還是覺得心裡酸酸的。」將近六十歲的江哥這樣說。

他的女友是老師的女兒，青少年時的江哥是混幫派的，根本不是同一個世界的人，卻相愛了。女友生日那天，另一個幫派前來挑釁，他要顧全兄弟情，又不願女友失望，械鬥之後，包紮好傷口，還是帥帥的騎單車送禮物給女友。隔著紅磚牆說了幾句話，便又騎單車離開，經過灌溉水圳時，因為失血過多，眼前一黑，栽進水圳，差點淹死。女友的父母知道了他們相戀，立刻將女友轉學，斷絕了他們的一切聯繫。他變得更暴戾，砍人、被砍，好像家常便飯，父母管不了他，便送他去跑船。他感到憤怒、悲愴，有種亡命天涯之感。

幾年後輾轉收到女友的信，還是秀氣的字體，寫在壓花信紙上：「我知道他們都不認識你，可是我了解你。你是我見過最溫柔的人，擁有我永遠的牽掛與祝福。」江哥覺得自己的靈魂被深深的擁抱著，他真的徹底改變了，為了不讓女友失望，他必須把自己最好的那一面顯現出來。

江哥後來到了巴拉圭，跟著當地台商做生意，不久就自立門戶，創立了事業，三十幾歲回台灣，一直想見女友卻見不著，原來女友結婚之後又離婚，不想再與故人有任何聯繫了。江哥結了婚，也有了孩子，他始終覺得女友是他的貴人，她喚醒了自己的內在。

「想到女友，就想到那時候的自己，覺得好懷念。一封信，幾句話，能產生這麼大的力量。」江哥的臉上有溫柔的光。

想到女友，就想到那時候的自己。這句話，點出了中年人回味愛情時，最刻骨銘心的部分，其實是愛戀中的自己。奮不顧身、勇氣十足的自己；柔情似水、溫柔等待的自己，在深深愛戀著一個人的時候，就像是遇見一枚引信，點燃了自己並未發現的某種狂熱，那是在愛之前並不具備、愛之後不復存在的品質，閃亮、激昂，自己都忍不住要愛上的一個自己。

人與人相遇，就算激撞出愛的火花，也不一定具足了愛的條件。

於是，我們真的要覺得感謝了，感謝曾與我們相愛，或讓我們情不自禁愛上的那個人，是他／她完整了我們的生命。

第九十九夜

停止等待，善待自己

不斷等待的人生

我在夜市吃米粉湯，一位年約八十歲的阿嬤，由一個中年女人與外籍移工陪同著走進來，為了讓她們三個人能坐在一起，我讓出了座位，挪到鄰桌。因為阿嬤重聽，因此，在她們討論點菜的過程中，我清楚聽見中年女人是阿嬤的女兒，叫作阿月。

「妳眼睛一直覺得不舒服，我就陪妳去檢查就好了啊，為什麼還要拖拖拖，一直拖？」阿月湊近阿媽的耳邊說。

「啊我就跟妳說要等阿國仔回來再帶我去檢查呀。」

「阿國仔在大陸，根本不知道什麼時候會回來呀。」

「他說他會回來，我等他……」阿媽的聲音小了點。

「什麼時候回來？兩個月以前就說他會回來，現在人咧？」

「我等小民來帶我去看眼睛啊，乖孫說他會回來看我。」

「小民在高雄念大學哪，妳知道他人不在台北嗎？」阿月的聲音又高高揚起來，「這種事情幹嘛要等那麼遠的人啊？跟妳說過幾百遍，不要等了。」

米粉湯送上來了，還有炸豆腐、燙青菜、紅燒肉等等，餐桌上的爭論暫時停歇，外籍移工幫阿媽把筷套取下，湯匙放進碗裡，大家窸窸窣窣的吃將起來。

「阿月，妳打電話給阿國仔，叫他回來帶我去看眼睛，妳跟他說我在等他喔。」阿媽說。

「妳幹嘛要等他啦？我都說我帶妳去看就好了啊！」阿月差不多要爆炸了。

我起身結帳，走出氣壓很低的小吃店，為堅持等待的阿媽感到憂傷。

—

不久前的一次傳播公司圓桌會議上，大家正為一個合作案討論得如火如荼，手機鈴聲突然響起，叫作Ruby的那個企製手忙腳亂的將手機轉無聲，她向大家致歉，接著準備說明合作案的細節，但我們都聽見檔案夾下的手機不斷振動發出的低鳴。她的主管示意她暫停，先去外面接電話。Ruby面露羞慚，拿著手機，推開外面吸菸的小露台，接起電話，一陣風將玻璃門吹開一條縫，於是，我們都聽見她的聲音：

「不是跟妳說我在上班嗎？妳已經打來六、七次了。妳找不到他就是他在忙，妳一直打給我，我也沒有辦法啊。我在上班耶！」

她的同事站起來將玻璃門關緊，我看見她纖瘦的背影，染成淺紫色的短髮，被風吹得零亂；一身時髦的打扮，此刻卻瑟縮起來。

「是她阿媽啦。」主管對我說：「年輕人壓力真的好大。」

我心領神會的點點頭，突然很想給 Ruby 一個溫柔的擁抱，對這個二十歲出頭的女孩說：「孩子，妳辛苦了。」

抱怨是一種悲哀

老一輩的人總是在等待，等待著兒孫的關心；等待著兒孫圍繞的喜悅；等待著兒孫的電話，忘記了自己雖然已老，兒孫卻還在為了前途打拚，並沒有那麼多時間晨昏定省。尤其是孫兒孫女，他們要對情人晨昏定省；對老闆晨昏定省；對客戶晨昏定省；對指導教授晨昏定省，偏偏就是沒時間對老人家晨昏定省。於是，等待變成了失落，接著是無盡的抱怨。覺得自己受到了冷落；覺得大家都不關心；覺得老了是件很悲哀的事。老了並不悲哀，沒完沒了的抱怨才是悲哀。

做為中年人的我輩，人生上半場，很多時刻也都在等待。做兒子的等待著父親的肯定；做女兒的等待著母親的了解；在愛情中等待一個確定；在婚姻中等待著和諧；在工作中等待好機會；在教養中等待兒女出人頭地；在大樂透開獎時等待二十億，然而，很多時候這樣的等待終究是要落空的。

曾經，我在美麗的海邊礁石，度過一個悠閒的下午，當日光的威力稍稍減弱，攝影師帶著一對新人來外拍，我立刻被新娘的美麗所吸引，她很年輕，身材勻稱，臉上帶著璀璨的笑容，雖然穿著婚紗，行動時卻很自在，相當輕盈。

攝影師與助理指導著新人擺出各種姿態，不厭其煩的，左一張右一張，將近尾聲的時候，攝影師要新人手牽手一起大喊：「我們一定會幸福！」

新人照著做了，當新娘張開嘴大喊的時候，我忍不住好奇，關於幸福這件事，她是怎麼想的呢？

「你一定要讓我幸福。」

「我們一起努力就能幸福。」

「無論如何，我都會幸福。」

到底是哪一種呢？

年輕的時候，我們都以為只有自己一個人的生活是不可能幸福的吧？所以，我們等待著遇見另一個人，就像是上天指派來解救我們的王子或仙女那樣，能治療我的傷口，解除我的困境，引領我過上一種夢幻般的甜美生活。

年紀稍長才明白，若只是等待一段奇遇，自己卻沒有足夠的努力，想要攀摘幸福的果實，只會重重墜落，跌斷門牙。

走過人生前半場，更加明白，如果自己沒有幸福的能力，只是不斷等待，等待著某個人出現，就能改變我的命運，那麼，當這個人離開，是否又會被打回原形？

等待著一個人出現，熱烈的愛上我，或是特別的看重我，於是才知道自己的珍貴，如果那個人一直沒有出現呢？

取回自己的人生

我很喜歡《新天堂樂園》這部電影，還包場請我的粉絲一起觀賞。男主角多多年少時愛上一個身分地位相差懸殊的女孩，因為他的執著與等待，與他情同父子的盲眼放映師便對他說了一個故事：有位美貌傾國的公主開宴會，一旁站崗的士兵見到她，立即神魂顛倒，痴迷不已。士兵有機會靠近公主，訴說了生命裡再不能沒有公主。公主被感動了，便與士兵約定，每晚到公主窗下等候，整整一百天，不可一日間斷，若真能做到，便以身相許。

士兵每晚到公主的窗下守候，不管颳風下雨、落雪寒夜，鳥停在他的頭上，蜜蜂也來螫他，他就是堅持等待。日復一日，他的形容枯槁，面色蒼白，連睡覺的力氣都沒有，終於來到第九十九夜，沒想到，士兵竟然站起身，搬起椅子，離開了。

多多聽完故事非常疑惑，他問放映師這是什麼意思？放映師說他也不明白，如果有一天多多明白了，一定要告訴他。

多多也像士兵那樣，夜夜去女孩窗下，痴心的等待，一直等到除夕倒數，女孩始終沒有開窗，反而把留了一點縫隙的窗戶關緊了。多多垂頭喪氣的離開，與滿街的狂歡、遠處的煙火，形成強烈對比。

而到了這一刻，多多終於明白了士兵的心情，他告訴放映師，為什麼士兵不再等下去？如果等到第一百夜，公主改變主意毀約了，那麼這樣艱辛的等待不是全白費了？

我的想法卻有一點不同。第九十九夜，士兵決定不等，終於把主動權收回來了。不再等待，就是取回自己的人生，我的人生由我做主。

已經走過上半場，是否還在等待？等待別人的肯定？等待別人的感激？等待與他人和解？等待著別人帶來的幸福？

停止等待，才能把注意力收回到自己身上，才能創造自己想要的生活。

第九十九夜，我們停止等待，才能善待自己。

有些大人
沒長大

在大學教書的時候，遇見過一樁暴力的家庭事件，令我印象十分深刻。喬安是個開朗貼心的女生，大一那年我擔任他們班導師，而她正好是班代，於是有了許多接觸。她會和幾位同學一起來研究室找我聊天，有時談一些上課的八卦；有時聊一些社團的人事；有時候就只是女生專屬的芝麻綠豆，我們談談笑笑，研究室充滿著快樂的聲音。

升上大二後的某一天，同學們把她「押」到我的研究室來，她們說她的狀況很不好，已經好幾天沒去上課了，情緒起伏很大，拜託我幫幫她。那天她看起來真的很糟糕，雙眼浮腫，人卻瘦了一圈，委頓在沙發上，不發一言。等到研究室裡只剩下我和她，她才說了這樁家庭變故。

爸爸被公司資遣之後，消沉了一段時間，媽媽仍每天辛苦工作，想不到爸爸竟然出軌了，還說要追求新的人生，向媽媽提出了離婚。媽媽非常憤怒，當場就怒打了爸爸一頓。那一天，三個孩子都在家，拉開了他們倆，勸說好久。然而爸爸的外遇依然藕斷絲連，媽媽的暴怒愈來愈誇張，把毆打爸爸的過程用監視器錄下來，夜深人靜時傳給孩子們看。哥哥和弟弟直接刪除，喬安忍不住看，一邊看一邊哭，她沒辦法勸媽媽，也沒辦法好好跟爸爸講話，整夜痛哭，感到絕望。

「爸爸為什麼要外遇？媽媽為什麼這樣打爸爸？她為什麼要寄影片給我看？我不想看，不想知道這些事呀！他們到底怎麼了？」她哭泣著吶喊，我只能擁抱她，什麼話也說不出來。

「他們不是大人嗎？什麼時候才要長大？」稍稍平靜之後，她嗚咽著，斷斷續續的說。

事實的真相是，有些大人總是沒有長大。

明明是夫妻之間的情感事件，卻硬要把三個孩子扯進來，讓他們必須看見、聽見、感同身受，而後逼他們選邊站，沒想過看著父母彼此傷害，對兒女來說是多麼殘酷的刑罰。

類似這樣的家庭暴力事件，我不是頭一次聽聞，也絕不會是最後一次。當我還年輕時，有個朋友在姑媽開的幼兒園教書。她的父母在她童年時便離婚了，起初她的父親有一搭沒一搭的付贍養費，等到父親再婚後，便再也不肯付錢。她的母親聽從朋友建議，寄了律師信給她的父親，這父親於是抓狂了，說出「我要是不讓妳們走投無路，就不是男人。」這樣的話，並且展開激烈的報復行動。先去前妻經營的早餐店胡鬧，嚇得客人不敢上門，只好暫停營業。接著又遷怒於女兒與自己的妹妹，於是到幼兒園恐嚇威脅，逼著妹妹開除了女兒，才算完事。就這樣，我的朋友和她的母親被迫離開了台北，到別的城市，才能重新生活。我始終無法忘記，我的朋友失去工作那天，歇斯底里的哭泣與深深的怨憤。

那個毀壞了他人生活的父親，到底是怎麼想的？他是否覺得自己充滿力量，故而沾沾自喜？做為一個大人、一個父親，除了這樣的野蠻與粗暴，難道沒有更好的解決方式？

這些沒有長大的大人，心裡其實盤據著一個任性的小孩。那小孩不肯面對挫折，將哭鬧轉化為憤怒；把所有不順遂都推卸給別人。「小時候因為父母忙著工作，所以忽略了我。」「家裡氣氛總是嚴肅，所以我很難放鬆。」「哥哥姐姐都很優秀，雖然父母沒說什麼，但我覺得壓力好大。」自從「童年創傷」成為顯學之後，大人開始爬梳童年，挖掘傷口，每個人似乎都可以找到癥結點，來解釋自己的瑕疵。旁人也多了同理心，包容、忍耐與諒解。如此一來，那個任性的小孩就可以不斷的自怨自艾，扮演令人同情的受害者角色了。

只是這樣的戲碼看多了，我也慢慢收斂起自己的同理心，雖然在成長過程中有過創傷，但那都是過去的事了，當我們成長之後，若沒有力量重整，自我修復，豈不是白白辜負了照顧過我們的人？豈不是浪費了這麼多年的歲月？倘若仍沉溺在自憐的情緒中，而對其他人造成傷害，又有什麼值得同情的？

每幢大樓必備的高空緩降機發明者劉大潭，被稱為「台灣發明王」，幾十年來累積了兩百多項發明。三歲那年因為施打過期的小兒麻痺疫苗，導致下半身癱瘓，又因為家境貧窮無法購買輪椅，只能在地上爬行。鄉間鄰里不僅嘲笑他，還斷言他將來只能成為乞丐，當個無用的廢人。劉大潭受到的羞辱、歧視、打擊，其殘酷程度是可想而知的。但他沒有臣服於命運，力爭上游，最終成為一個無法局限的發明家，造福了許多需要幫助的人。看過他的奮鬥故事，使我對人類可以創造未來命運的信念更為堅定。

那些被心中任性小孩擺布的大人，就像肯德基廣告中滾倒在地，哭喊著：「這不是肯德基！這不是肯德基！」的青年，只要把「這不是肯德基」轉換為「這不是我要的生活」就很貼切了。翻滾哭喊，並不能喚來肯德基，必須得站起身來，不管門外日頭炎炎或風霜雪雨，走出去才能找到你的肯德基。

永遠將過錯推諉給別人；總認為自己是不幸的受害者；難以擺脫自憐情緒的所謂大人，請快點長大吧。

通往天堂的階梯

等待和解的契機

人生最後的願望

到花蓮門諾醫院做公益講座，題目是：「也無風雨也無晴——你可以這樣老去」，談的其實是中年心情。原本以為又是「老」，又是「中年」，應該沒什麼人有興趣，沒想到卻是座無虛席，場內幾乎都是中年人。

講完後是簽名活動，有位女性讀者拿著簽過名的書，請我再簽一次，這才發覺上次來花蓮演講已經是二十年前了。二十年前的女孩也成了中年人，我們都有點激動，一時之間，不知說什麼才好，然而，感覺彼此身心狀態似乎都不錯，又覺得慶幸。二十年，可以發生很多事，也可能產生很大的變化。相逢一笑之後，又要隔多少年？

那一天，因緣際會，認識了一位大姐，也聽到了一則動人的故事。大姐的先生年輕時，幫著老闆創業，吃苦耐勞，能衝肯拚，闖出一片江山，深得老闆信任與器重，培養出深厚的情誼。然而業績愈做愈好，不免有些驕氣，和老闆發生了歧見，一時不忿，便自立門戶。因為年輕氣盛，離開時帶走了許多同事，也帶走了不少客戶，這樣的打擊，讓老闆一蹶不振，雙方自此決裂，斷絕往來。

大姐說，先生雖然生意做得很不錯，卻罹患了癌症，經過艱辛的治療，不敵病魔，最後階段只能止痛，他向家人提出，想要見老闆最後一面，無論如何請幫他完成，否則死不瞑目。老闆來到了親密夥伴與背叛仇敵的面前，看見了已被病苦侵蝕得不成人形的昔時好兄弟。兩個人都很激動，先生雖然已經連站起來的體力都沒有，卻要家人扶他起身，堅持跪下來向老闆認錯道歉，為的是求取原諒。當著妻子與孩子的面前，淚如雨下，請求饒恕，他不想再背負著背叛者之名，他不想讓家人成為背叛者之妻、背叛者之子。為了家人，為了自己，他必須得到原諒，才能放下這沉重的心靈負擔，與世間道別。

老闆告訴他，自己當年也有錯，不能全怪先生。老闆和先生抱頭痛哭，達成了和解。大姐後來成為一位傳教士，說起這段往事，並沒有太多激動情緒，只說這樣的結果讓先生走得很平靜，家人也能好好過日子，算是一種圓滿。

人的一生，花費了許多時間精力，爭名、爭利、爭一口氣、爭出人頭地。為了達到目的，有時做了衝動的事，有時不得不背棄自己的原則，有時傷害別人也被人傷害，然而，當人生道途走到終點，卻顧所來徑，嚥下最後一口氣時，我們企求的只是平靜而已。不管有多麼高的名氣、地位，擁有多少錢財、權力，也換不來內心的平靜。

於是，我們期待和解，只是，和解並不容易。

與父母和解不容易

我聽過另一個故事，是渴求和解卻沒有成功的。有個四十歲的男人，因為父親管教太嚴格，相信棒下出孝子，在棍棒無情的笞撻下，少年時便逃家了。逃家之後，父親發出狠話，與他斷絕父子關係，他也就像個孽子一樣的四處飄泊，心中懷著被拋棄的孤絕感，什麼工作都做不好，情感關係也很疏離，有種莫名的悲憤充塞在靈魂深處。當他聽說父親已經住進安寧病房，以為這是最後的和解機會，他想告訴父親，自己並不是真的想離開家，也不是不愛父母，只是被打怕了，不得不逃走。

沒想到父親聽見他說小時候被打怕了，便從床上騰起身子，雖然已發不出聲音，卻雙眼圓瞪，惡狠狠用唇語，指著他說：「滾！」一旁的母親也尖叫大哭，對他斥罵，趕他出去。他狼狽顛躓的逃出醫院，真正絕望了。企求等待了半生的和解，永遠不會發生了。最初聽聞這個故事，我的同情全給了兒子，覺得這個父親太固執，也太狠心，讓兒子如何繼續未來的人生？

可是，過了一段時間，我站在父親的角度去感受，忽然能夠同理老人的心情了。這父親並不知道除了體罰還有更好的管教方式，他只是盡力做好父親的職責，當兒子逃家，他覺得自己被拋棄了，付出的心血都白費了，於是憤怒的宣告斷絕父子關係。這兒子竟然真的再也沒有回來，逢年過節的時候，何嘗沒有期待過？暗暗等著，也許只是一通電話，也許忽然迷途知返，可是都沒有，什麼都沒有。不聞不問幾十年，父親的心也冷了、硬了、成了灰。等到他老了、病了、將要死去了，以為兒子回來是認錯的，沒想到竟然責備他當年的管教方式，於是，他徹底崩潰了，那樣憤怒羞辱，無地自容。

父子二人其實都在等待和解，卻因為各自抱守著創傷與委屈，從此生死兩隔，這是兒子的終身遺憾，何嘗不是父親的？

許多中年人的成長記憶都不快樂，追究起來當然常和父母親相關，有些人在歧視、壓抑與委屈中長大；有些人在衝突、暴力與疏離中長大，好不容易走到自給自足的大齡，以為可以揮別陰暗的過往，老父母卻需要你的照顧，命運再次掌握了你。原本以為他們老了、弱了，能心平氣和的談談過去，化解心結，然而全不是這樣的，一碰到過去，老人們有千百種藉口與推託，甚至是指責，你又成了那個憤怒、悲傷而無助的孩子。與老父母和解是很困難的。

曾經回到故鄉看看自己成長的老屋嗎？如今已經頹圮，房梁塌陷，窗戶破毀，被荒煙蔓草包圍。想要在那裡尋找安全的棲身之所，只是徒勞無功。拉出距離看待被照顧的父母，他們也就是無助的、被病痛纏身、充滿恐懼的老人，如此而已。和殘破的老屋並無二致。

只要能在心中與自己和解，便已足夠。

和解的最佳時機

國中時我被同學霸凌，每天都是噩夢，在學校冷著一張臉，假裝自己毫無感覺，回到家在被子裡流淚。她們霸凌我，可能因為我很軟弱，可能因為我的成績不好，可能因為我過於孱瘦，那段記憶被我深埋許多年。

小時候家族裡的一位長輩歧視我，她在大家面前嫌棄我，說了許多羞辱的話，可能因為我是個女孩，可能因為她跟我父母之間有心結，可能因為她沒有生育。直到成年之前，我最怕過年團聚，常常只能躲在廁所裡。

長大後因為出書暢銷，使我在大學裡受到許多冷嘲熱諷，連我尊敬的教授都說過刻薄的話：「出書賣得好，又能考上博士班，只是因為祖墳風水好，沒什麼了不起的。」我從不覺得自己了不起，況且我家沒有祖墳，在那貧窮動亂的時代，都是一張草席，荒地裡掩埋了，連個碑記都沒有。

進入大學教書後，同事領著學生說我的壞話，子虛烏有的散布謠言，在課堂上公開嗤笑我的單身，將我的隱忍與不參與鬥爭醜化為懦弱、不公義。而我只是以為課堂不是鬥爭的舞台，老師應該保護學生，避免他們捲進風波中。我堅守做為一個老師的品格。這樣的情況，在我離開大學之後，仍未完全平息。

有一次在演講中，談起過年團聚，年少的自己總覺得孤單無助，躲在廁所裡，希望一切快點結束。有讀者提問：「如果現在的妳遇見以前的妳，想對她說什麼呢？」我想像著現在的我，推開掩閉的門，走進陰暗寒冷的廁所，緊緊抱住纖弱厭世的少女，輕聲的說：「別怕，一切都會過去的。」我想著，眼淚靜靜流下來。

這不是一句安慰詞，一切都會過去的，是一個事實，只是身在痛苦中的我們，沒能意識到。

為了爭一口氣，不讓長輩看扁了，不讓父母面上無光，我真的成為一尾力爭上游的魚兒。長輩對我的敵意漸漸消除，我領了版稅便邀請家族長輩們去餐廳吃飯，她看著我的眼光變柔和了，還很願意別人知道我們的親屬關係，也以我為榮。當她罹癌住院，我燉了香菇雞湯給她送去，搭公車前往醫院的途中，忽然明白了，她其實是我的貴人，因為她的不屑，激發了我的鬥志。我應該感激，想到她即將離世，覺得有些不捨。

曾經創傷我們的人，其實是加強我們人生能量的人。

被霸凌的歲月使我更懂得悲憫，同理弱者，對他人的遭遇感同身受。在大學受到不友善對待，使我更加警醒的審視自己，如履薄冰，兢兢業業的過每一天。創傷過我的這些人，確實增加了我的正能量。

心理諮商師許皓宜說：「那些傷害你的人，只是想要求生存而已。」也就是說，他們以為或誤以為你的存在妨害或掠奪了他的人生，那些強悍給出傷害的人，其實是弱者，你才是他們心中的強者啊。

有了這樣的領悟，還要繼續浸泡在自憐的情緒中嗎？應該告訴自己，一切都過去了，我不再是過去的那個我，我要往前走去，不想帶著這些痛苦和憂傷，它們已經沒有意義了。

當我與過往和解，與自己和解，才能從容自在，心平氣和的漸漸老去。

曼娟和皓宜談心：如何面對創傷我們的人？
https://goo.gl/7KhRdd

熱血的中年人

前幾年日本動畫《進擊的巨人》非常轟動，從我的大學學生到念國中的侄兒都推薦：「有沒有看過《進擊的巨人》？真的超好看的。」數十公尺的巨人，突破了人類築起的高牆，踐踏著人類的房舍，最令人恐怖的是他們捕捉人類，生吞活吃。創作者諫山創只有二十六歲，他說哪怕讀者認為這是最無情的一部作品也沒關係，只要能成為一種獨特的存在，那就夠了。這部作品肯定是獨特的，而且存在感很強，據說累計印量已超過六千萬冊。

當大家熱烈討論著，這是多麼鮮明的「弱肉強食」的世界時，真正吸引我的，卻是那些全身赤裸的巨人。

他們泰半是男性、頹垂的身體線條、面無表情，甚至是疲倦、百無聊賴的。他們的致命傷，不是心臟或腹部，而是後頸與後背連接處，那一方賁起的肉塊。這是中年人啊，中年人的身體；中年人的表情；他們都是中年人。毫無感覺的毀壞別人的家園；毫不悲憫的吞噬他人；為了滿足自己的欲望，而對他人予取予求，永遠不饜足。聽聞或見到巨人的時候，人們驚恐、躲藏，最後必須起而反抗。反抗並屠殺巨人的，是一群藝高人膽大的年輕人，他們輕捷的突襲巨人，取他後頸那方斃命處。也是個年輕人的諫山創是否覺察到這樣的意識？對抗巨人，其實是在對抗麻木、貪婪、殘酷的中年人，這任務得由純潔、熱血又勇敢的年輕人擔當。

二十幾年前的野百合運動，結束了「萬年國會」，對抗的是老年人；三年前的太陽花學運引發了「反服貿運動」，對抗的是中年人。當年的野百合或是與野百合同一代的人，也都進入中年了，成為了所謂的既得利益者，這恐怕是在廣場上盛開的野百合們無法想像的事吧。曾經是那樣純潔、熱血又勇敢的人，如今卻只能任憑太陽花一代的孩子指責著：「你們承繼的是那麼榮景的世界，卻把一片沒有遠景的荒園交給我們。」於是，自省的中年人便懷著愧疚的心情，不斷思索著：「到底是什麼地方出錯了？我們還能做什麼？」思索者通常也是行動者。

因為不那麼勇敢，於是不再走上廣場去對抗；因為不那麼純潔，於是不相信任何政治人物，胸腔中卻還脈脈湧動著熱血。不想再批判指摘；不耐煩等待回應，這熱血與人間情分，驅使他們走進巷弄，為獨居老人烹煮三餐；探訪偏鄉學校，為弱勢家庭的孩子課輔；開放了自己的客廳，成為浪貓浪狗的中途之家。

中年人不再夸夸其談「改變世界」，而是低著頭做些踏實的事。有人選擇了用二十多年歲月，一次又一次，冒著生命危險升空，讓我們看見台灣的美麗與創傷。

影像的力量那麼大，令人震顫也令人落淚，像一場寧靜的革命。最終，為了這座島嶼殉身，他是齊柏林導演，兼具純潔、熱血與勇敢，可敬的中年人。

齊柏林用高空攝影引領我們看見了從未見過的台灣，卻也讓許多不該存在的暗黑現形，因此，當噩耗傳來，「陰謀論」也就隨之而起了。那幾天，正好在上小學堂的課程，我將齊柏林的故事講給青少年聽，才發覺竟然有許多孩子沒看過《看見台灣》，也沒聽過齊導演。我想和孩子討論，這樣的投入與使命感，到底值不值得？

當我把《看見台灣》的預告宣傳片放給學生看，好幾個孩子落下淚來，從他們的肢體語言，我看出他們被激勵、被感動、被熱烈的情感所包圍。短短的影片結束後，我問他們：「如果你是齊柏林導演，你會後悔自己的人生選擇嗎？」

「不會。」孩子們說：「當然不會。」

中年人不是只能成為尸位素餐的麻木巨人、貪得無厭的掠奪者，也可以成為年輕人的典範。

瀑布下的歌聲

付出讓心靈更富有

我把冷熱水的溫度調到最舒適，開啟蓮蓬頭，讓水柱沖激而下，想像著此刻正置身於瀑布下，想將全身燠暑洗淨。

突然，在沉靜的夜晚，我聽見一陣律動優美的聲音，敲擊在民宿的鐵皮屋頂。立刻關上水龍頭，仔細諦聽，是的，那是雨聲。歷經了整天的炎熱難耐，這雨聲聽來竟有著慈悲的意味，像是一種寬赦，讓辛勞的人們可以安穩憩息在清涼的夢境裡。

這是青蝶小學堂的第一天。

帶給孩子的禮物是故事

自從成立了「張曼娟小學堂」，我總想著可以為偏鄉的孩子做點事，十二年後的暑假，這個契機終於出現了。

我的埔里好友，地震之後便創建了「長青村」，庇護著許多無依老人的芳姿與子華夫婦，願意慷慨提供場地與食宿，並引介了暨南大學陳文學老師，敲定了與眉溪南豐國小的合作。三天兩夜的「青蝶小學堂夏令營」，在我們幾次協商之後，決定於八月初舉行。

「這些孩子多半都是賽德克族的，你們對部落的孩子了解嗎？」文學老師溫和的問。

我們坦承，毫無接觸，其實內心忐忑不安。文學早替我們設想好了，他找到了九位優秀的原民青年來當隊輔老師，這些大哥哥、大姐姐一直在做部落服務，果然幫了我們好大的忙。

為了讓來自山中的孩子更感興趣，我們設計了「陶藝」、「彩繪T恤」、「傳統射箭」、「手製披薩」的課程，穿插在詩歌欣賞、繪本共讀與寫作課之間。第一堂課雖然稱為「相見歡」，可是並沒有什麼歡樂氣氛。孩子們可能認為這個莫名其妙的夏令營剝奪了他們自由玩耍的時間，因此顯出心不甘情不願的樣子。我向他們說明了課程內容，以及當晚放映的動畫片之後，孩子們一片喧譁，紛紛說著：「都看過啦！」「又要看喔？」「很無聊耶。」

突然，不知是哪個孩子，氣壯山河的大喊一聲：「我要回家！」氣氛瞬間凝凍，我不敢看原本懷抱著滿腔熱情的夥伴們，怕她們像我一樣的不知所措。

然而，我可是個不輕易灰心的中年人啊。於是，繼續興高采烈上唐詩與童詩的課程，發揮講故事的專長，看著那一雙雙專注凝望著我的眼睛，時而緊張，時而喜悅，我知道，對我來說，山上的孩子或是城裡的孩子並沒有什麼差別，他們都是喜歡故事的孩子。而我，是喜歡說故事的人。

陶藝老師發給每個孩子一塊陶土，讓他們用陶土說故事，小男孩捏出一棵樹，樹下有大大小小的蝸牛家族，這不就是他們在雨後常見的景象嗎？另一個男孩搏出像座山又挺有流動感的物件，當他宣布這是一座瀑布的時候，大人們都發出驚喜的歡呼。我想到老師們說，山裡最炎熱的午後，孩子們便從屋子裡跑出來，成群結隊的縱身一躍，跳進清涼的瀑布中。另一個總帶著靦腆笑容的男孩，捏出兩個人手牽手，擠在一個杯子似的容器中，他說這兩個人在泡湯，老師追問：「這兩個人是誰？」「是我爸爸媽媽。」男孩笑得更靦腆了。我想我知道，為什麼男孩有一雙那麼溫柔的眼睛，因為他的父母彼此相愛。

寫作時快要把鉛筆咬斷的苦惱小男孩，到了「彩繪T恤」課，拿起畫筆，將斑爛顏料堆疊在白T恤上，構圖和配色都令人驚豔，篤定沉穩，彷彿大師蒞臨。就像我一直相信的，每個孩子都帶著天賦誕生，只是有沒有被發現，如此而已。

一個年紀較大的女孩，細細在T恤上描繪出一座花園，我們甚至能嗅到花的香氣；另一個女孩畫出了清澈的溪流，自在巡游的魚兒，水草靜靜擺動身體，她們用色毫不吝惜，卻又那樣渾然天成，真希望未來的人生，這些女孩也能有這樣的自信與勇敢。

最後一天的結業式，孩子們將穿上他們的手繪T恤，表演節目。當T恤彩繪剛完成，一件件晾曬在教室窗邊，色彩那樣繽紛美麗。陽光大片的映照進來，空盪盪的教室裡，懸浮著細細的灰塵，孩子們趁著下課時間跑到教室外面遊戲，坐在盪得高高的搖搖椅上唱著好聽的歌，他們總在唱歌，歌聲那樣和諧優美。我覷起眼睛想像著，這樣的下午，時間將無限延長，十年、二十年就這麼過去了，當上課鈴響，一個個走進來的，是已經成為大人的他們，啊，將會是什麼樣的大人呢？能夠找到他們的天賦，並好好的施展嗎？依然不懼怕陽光，有著閃亮的笑顏嗎？還是那麼喜愛歌唱，歌聲嘹亮動聽嗎？

然而，這其實是青蝶小學堂的第二天。

感謝幕後的付出

再也沒有孩子說要回家了。年紀小的男孩纏著隊輔大哥哥，聽鬼故事擠成一團，上課時由大哥哥架在肩上扛進教室。年紀小的女孩會突然跑過來，兩三個人一起環抱住我的腰，緊緊的不想放開。女孩們也跟溫柔又活潑的隊輔大姐姐，形成了可愛的女力聯盟。還有個高年級女生牙痛得厲害，忍不住一直掉眼淚，但她寧願找老師要止痛藥吃，也不肯去看牙醫，因為擔心一離開就不能回來了。我們都聽見時間倒數的聲音，都感到依依難捨。

在賽德克傳統射箭課上，我們見識到了部落的力量，射箭老師熟稔的跟每個孩子聊天，對他們的家庭瞭若指掌，我覺得比起城裡的孩子，這些孩子更值得羨慕，他們是部落的孩子，擁有許多聲息相通的關愛。第一次摸到弓與箭的我們，是那樣生澀，這些男孩女孩卻已經是技藝高超的弓箭手了。他們拉弓、瞄準、穩定射出，正中紅心，那種架式令我們感到崇拜。而他們發覺了我們的笨拙，立刻傾囊相授。牙痛女孩成為我的射箭小老師，她把著我的手，輕聲安慰我：「沒關係喔，慢慢來，好，鬆手！」

銳利的箭從指間鬆開，筆直往前飆去，卜的一聲，射入靶中。我跳起來高聲歡呼，簡直得意忘形，女孩站在一旁微笑，那笑意有著安慰和引以為榮的喜悅，瞬間，我感到疑惑，到底是我們為孩子舉辦了夏令營？還是孩子從山上下來，為了陪伴我們的夏天？

第三天的分享與感謝，孩子們說他們要感謝這三天以來，為大家準備豐盛餐點與下午茶的廚房阿姨。我們確實是吃得好又吃得飽，但孩子們根本沒見過廚房阿姨，卻仍不忘感謝幕後英雄的付出，聽著他們這樣說，我覺得溫暖，如果他們一直保持著這樣的敏銳體貼，對他人的付出能覺察感謝，長大以後必然會是很好的人吧。

青蝶小學堂夏令營結束後，我們回到城裡，繼續日復一日的炎熱繁瑣生活，然而，某些瞬間，耳邊忽然飄過孩子們的歌聲，他們天天唱著，我們都已經熟悉的曲調。將來有一天，我們一定要去山上，找到孩子們嬉戲的瀑布，與他們一起合唱，那首青春的、歲月的、愛的歌謠。

被需要才有存在感

有些中年朋友對退休有著莫名的恐懼，主要是因為退休之後的生活，該如何安排，令人感到茫然。也許可以和老朋友們敘舊，參加健行活動，國內外旅遊，或是學習插花、書法、瑜伽、法式甜點……然而，時間是被安排得滿滿的，有時候甚至覺得疲憊，但心裡還是空空的，彷彿起床也可以，不起床也沒關係，一個接一個的活動，參加也行，不參加也不會遺憾。

我想，光是把時間排滿是不夠的，需要安排的是心靈空間。

人生上半場，我們不斷的追逐，過程中會遇見許多人的給予，給予我們機會、給予我們經濟的支持、給予人生經驗的指導，在這些給予中，激勵了我們的鬥志，也加強了我們的能力。走著走著，來到人生下半場，成功或者勝利，不再點燃心中熱情，我們開始思考人生意義，我的存在是有價值的嗎？

我的父親七十歲，母親六十歲的時候，他們的健康狀況都很不錯，陪著我去香港工作了一年，每天的生活都有人生地不熟的小挑戰。回到台灣之後，朋友們鼓勵他們去醫院當志工。我的母親本來就是那家醫院的護士，為了我和弟弟才辭職在家帶孩子，三十幾年後竟然重返醫院，當然很興奮。父親起初是以陪伴母親的心態去的，到後來也變得相當投入。每週三總是早早就把午餐料理好，穿戴整齊搭公車去「上班」，他們服務的單位是小兒科預防針接種，幫嬰幼兒量身高、體重，與家長談談笑笑，誇讚每個孩子長得好，聽著牙牙學語的小朋友喊「爺爺、奶奶」，開心得笑呵呵。回到家裡有談不完的話題，小朋友如何如何，家長又如何如何。

有一次母親覺得暈眩，我勸她請假一次吧，反正又不會扣薪水。她說不能請假，如果請假了，護理師會忙不過來。「他們很需要我的。」母親說著，照常打點整齊，神采奕奕出門去。我聽見了那個關鍵詞：需要。

人生下半場，因為被需要，於是感到存在的貴重意義。被需要，往往都是從付出開始的。

這次去埔里辦青蝶小學堂，其實是體力與意志力的大挑戰，卻沒有人喊累，大家臉上都帶著笑意，活動結束後，每一位參與者都有收穫滿滿的喜悅，向彼此道謝，依依不捨。回到台北後，小學堂的夥伴老師特別向我致謝，感謝我給了她這個機會，並且忍不住想像，什麼時候我們可以去瀑布下，循著歌聲與孩子們重逢？

當我們貼出了青蝶小學堂的活動相片與影片，有幾個朋友私訊我，提出小抱怨：「這麼有趣的事，怎麼沒找我一起？」也有直接提出要求的：「下次記得找我一起去喔，一定能幫得上忙。」

中東詩哲紀伯倫在《先知》這本書裡，談到了給予，也就是付出：

然而有任何你還想保留的東西嗎？
你所擁有的一切，有一天都得給出。
因此現在就給吧，
這樣，給予的時機就是你的，

而不是你繼承人的。

付出的時機是你掌握的；付出的對象是你挑選的；至於付出的回饋，則是快樂的能量。當快樂能量將心靈空間填滿，才真的是「不知老之將至」了。

青蝶小學堂結業影片
https://goo.gl/toHkCa

貳／

照顧著老去的父母，才真正理解人生

照顧是一種承擔，
把心靈打磨出貴重的光芒。

這光也照亮了未來，
使我們看清老的模樣。

後來
我們都認了

關於五十歲
而知天命

讓生命去等候

認識郭強生那一年，我們都是二十出頭的文藝青年，有時在文學獎頒獎典禮上相遇，有時去參加副刊舉辦的座談會。我們的書剛剛出版，便陸續攻占暢銷排行榜。書店朝向大街的玻璃櫥窗裡，排行榜是以階梯方式陳列的，我看著自己，看著強生和其他幾位文友，一階一階往上，就這麼盤據在階梯上。他們的小說集甚至是以作者沙龍照為封面的，那樣的唇紅齒白、青春無敵。

當年的強生是台大外文系高材生，高中時期就已嶄露頭角，頗受名家青睞。至於我也在第一本暢銷書《海水正藍》上市後，成為受到矚目的新人，並且考上博士班繼續攻讀。我們的人生也都像是站在玻璃櫃的階梯上，一步一步往上爬。

那年夏天，侯文詠約了我和強生一起去澎湖旅行，說是要探訪開得滿山滿谷的天人菊。文詠租了車，與當時的女友、現在的老婆雅麗在前座開車，我和強生就坐在後座，將車窗搖下，吹著在海島巡遊的風。我們有時沿著海岸走，一首又一首的唱著民歌；有時候在港邊等船，聽著強生唱歌，逆光看著他的側臉，心裡想，這真是個快樂的男孩呀，能這樣一直唱到地老天荒嗎？

強生身上有種奇妙的小男孩特質，純粹的，未經磨損，有他的歌聲做為背景的時刻，也像一個又一個永恆停格的畫面。

停留在澎湖的最後一天，雨下個不停，我們只能坐著車子環行島上。文詠插入了卡帶，於是，小小的空間流瀉出一首當時很流行的歌曲，童安格的〈其實你不懂我的心〉：

你說我像雲，捉摸不定，其實你不懂我的心。
你說我像夢，忽遠又忽近，其實你不懂我的心。

車內突然變得寂靜，我說：「天啊，我好喜歡這首歌。」強生轉頭，目光灼灼的看著我：「我也是。」他說。

童安格繼續唱著：

你說我像謎，總是看不清，
其實我用不在乎掩藏眞心。

怕自己不能負擔對你的深情，

所以不敢靠你太近。

「這是什麼情況啊？」一直沒說話的文詠開口了：「幹嘛要隱藏真心？為什麼不敢靠你太近？喜歡就去爭取啊，我真的搞不懂耶。」

「怎麼會不懂呢？」我和強生在後座騷動了，「有的感情就是這樣啊。」

「我就是不懂啊。雅麗妳懂嗎？」文詠轉頭問。

雅麗搖頭，「我也不懂。」

當下小小的車裡就出現了楚河漢界，前座是喜歡就爭取，後座是隱藏真心。於是，文詠和雅麗必定會締結良緣，至於我和強生，則有了深切的知己之感。

童安格繼續在小小的匣子裡唱著歌，唱到〈讓生命等候〉時，我們四個人異口同聲的跟著唱起來，在雨中痛快淋漓的唱，「讓生命去等候，候候候候，等候下一個漂流，」一邊扯著嗓子唱，一邊擺動身體，「讓生命去等候，候候候候，等候下一個傷口。」

那次旅行之後，強生離開了台灣，展開漂流，在美國紐約當起了異鄉人，從戲劇碩士到博士，也在一段又一段感情中漂流，時而沉溺深陷，時而孤孑一身，那些傷口都成了他的創作靈感。

我在台灣完成中文博士學位，二十九歲進入大學中文系，成為副教授，情感的道路也走得坎坷險惡，連傷口都必須深深掩藏。

如果沒有輪流這回事

如果這是一部電影，那麼中間的二、三十年該如何交代呢？

此刻我坐在台北的咖啡館一隅，陽光正好的早秋，等候著強生到來。他照常的睡到中午才起床，彷彿仍生活在另一個時區，起床後要抽過菸才真正甦醒。感覺肚子餓了，吃一份很晚的早午餐，一天才要開始。

我們並肩坐在沙發上，雖然是比較不顯老的人，卻都是不折不扣的中年人了，正在老年的門前排隊，等著領號碼牌。

這些年來，強生的家變一樁接著一樁來，若是他寫成一齣舞台劇本，可能會被批評，太過戲劇化了，哪有那麼殘酷荒誕的情節？他的現況是，年過五十之後，從花蓮的東華大學拿了休假，回台北照顧失智症的老父，出了幾本書談到父子與家庭關係，於是成為「照顧老父界名人」。

至於我，則在前幾年便預知了，父母年老之後需要更多時間陪伴，於是毅然決然的向東吳大學辭職了。每當我奔波在心臟科、精神科、泌尿科、骨科、牙科、神經內科、消化科，陪伴著父母候診時，總是很慶幸自己不用請假，毋須調課，也不用盯著跳動緩慢的看診號碼心急如焚。我可以在等待的零碎時間裡，一點一點的拼湊出陪伴並承擔父母老病的意義，寫下一系列「照顧著老去的父母，才真正理解人生」專欄，在臉書與數百萬名照顧者分享。

強生的母親前些年癌症過世，他的哥哥這兩年也在美國罹癌往生，於是，他必須獨力承擔照顧失智老父的責任。帶著外籍移工去市場買菜，將家裡菜餚的熟悉滋味一一傳授，為父親打點一切生活所需，也得要陪著父親看病。那個帶著小男孩氣質的大男孩說，老了，就是回家，而父親就是他回家的路。曾經想著在外闖蕩，總得要闖出點名堂來，寶貴的時間應該要留著開會、賺錢或博取上位，如今，為父親挽起衣袖，做著這些勞動的事務，日復一日，不要去想終點在哪裡，也是一種知天命，馴服於生命大河的流勢。

「我是必須要一個人扛起來的，因為我父親只剩我一個兒子了。」強生望著我，眼底有欲言又止的疑問。

父母親不只有我這一個女兒，這也是我曾經躁動不安的原因。特別是在父親初罹急症時，家裡的生活被重擊，變得四分五裂。看顧著無法進食、入睡、譫妄與暴動的父親，安慰著遭逢變故、六神無主的母親，我的睡眠嚴重不足，瀕臨崩潰。

有一次，去中廣上蘭萱的廣播節目，談的是日本作家酒井順子的《無子人生》，開錄之前與廣告口，我們分享的是照顧老父母的經驗。蘭萱告訴我，平常時候老父與兄嫂住在一起，而到了父親需要就醫時，就由蘭萱負責。

「照顧是一件辛苦的事，但是如果大家輪流就會好很多。」我瞬間明瞭了，自己在疲憊之外感到沮喪和怨尤的原因。父母與我同住這麼多年，就連我兩度去香港工作也要接父母同住，當然對於奉養父母是甘之如飴的。然而，兩年前當父親急病，家庭失序，狀況接二連三發生，我確實期望能與手足「輪流」負擔照顧責任，讓我肩上與心上的重擔稍稍減輕。比方說在父親就醫，而我必須工作的時候，能夠幫忙。可惜，這樣的援手並沒有出現，有幾次我幾乎覺得看見希望，結果又破滅了。

於是，我必須一次又一次的振作精神，告訴自己，這條路我就是得一個人走，也為以後的獨生子女摸索出照顧父母的思考與方法。幸運的是，我的工作夥伴總是我最堅強的後盾，他們在工作上支持我，也在我的照顧之路上伸出援手，化解了好幾次的燃眉之急。

漸漸的，我明白了，獨力照顧老父母就是我的天命，不該再有無謂的企盼，徒增煩惱。於是，我重新安排自己的工作與生活，停止了研究所的兼課，減少了廣播節目的時數，讓自己的時間更鬆動，這也是我在二〇一四年毅然決然離開大學教職的初衷：更多時間陪伴照顧父母親。

因著照顧年邁病苦的父母親，我獲得了無血緣關係的家人，他們是我的夥伴與好友，給我很多的安慰與支撐，讓我知道自己並不孤單，也不無助。

與強生坐在一起，我的腦中響起那首主旋律：「讓生命去等候，候候候候……」那一年，我們真的好年輕，如今，兩個中年人笑談歲月的殘酷與慈悲。

如果有音樂，仍舊可以唱歌。

曼娟和強生笑談歲月的殘酷與慈悲
https://reurl.cc/OVybov

還沒有忘記的愛

迷失在時間空間中

自從母親失智的情況愈來愈明顯，我便調整自己的活動，更多一些時間留在家裡，讓她能感覺到我的存在。然而有時候，我的「存在感」還是很低的。當我在廚房料理了晚餐，還為火氣大導致牙床腫痛的母親沖泡了菊花枸杞冰糖茶，看著她喝完一杯茶，服食了中藥，到貓咪房間去逗弄了一陣心愛的貓咪。七點半左右，為了讓我可以工作，於是，她到客廳看電視，將近八點的時候，我竟聽見她問印籍家務助理阿妮：「曼娟回來了嗎？」

這時候我不得不放下手邊的創作，走到客廳對她說：「剛喝完我的茶，妳就忘記我嘍？」

母親笑嘻嘻的：「咦？妳回來嘍？什麼時候回來的呀？」

「回來好久嘍。」這種時候也沒什麼好解釋的，更不用強人所難的讓她想起我回家的時間。她能夠記得我是她的女兒，還牽掛著不知道我回家沒有，已經很令人感激了。

「妳回家了，那我就要去睡覺嘍。」母親心滿意足的說。

每一天，都會有不同的情節，讓我知道，她正一點一點的從生活常軌上偏離，就像一個迷路的人，迷失在空間與時間中。

前一天晚上，我九點多進門，看見母親依然坐在沙發上。早已過了她的睡覺時間，我很驚訝的問她為什麼還不睡覺？

「我要等妳回家，妳回來了真是太好了。」母親欣慰的說。

這兩年如果她的心情不太好，就會特別渴盼著我回家，看見我開門進來，甚至會像小孩那樣開心的鼓起掌來。

這時的母親沒有鼓掌，也沒有很開心，顯然有什麼事正困擾著她。

阿妮走過來對我說：「我一直跟奶奶說，不要等了，去睡覺，奶奶說她一定要等妳。」

阿妮走開之後，母親壓低聲音對我說：「我們的床位有點問題，不夠睡，所以我決定要睡在沙發上，沙發也很舒服，我睡沙發沒問題的。」

「妳為什麼要睡沙發？為什麼不上床睡？」我也壓低聲音。

「我跟妳說的話妳沒聽懂，床位有問題，我們四個人不夠睡啦。」

我拉著母親起身，回到他們的臥室。與父母同住了五十幾年，他們的房間永遠是最大間的主臥室，就算是二十幾年前他們搬來我買的房子裡，依舊睡在主臥。阿妮為了夜間照顧父親，也睡在同一間的單人床上。雙人床的一邊睡著父親，另一邊空著，那原本是母親的位置。

「妳應該睡這裡呀。」我對母親說。

「那阿妮睡哪裡？」母親問。

我指著阿妮的床給她看，她臉上有著焦慮的表情。

「這樣的話，妳要睡哪裡呀？」

「媽！我有自己的房間呀。」

我牽著母親去看我的房間，她終於鬆了一口氣。

「喔，原來這裡還有一間呀，那就沒有問題了。」

母親忘記了家的樣子，即使在家裡，她也迷路了。當她安心的回房睡覺之後，我在寂靜的客廳裡，茫然的站立片刻，這時候應該覺得傷心了嗎？應該要哭了嗎？

可是我並不想哭，也不想讓自己傷心，因為我知道，一切才正要開始。

我意識到的是，母親一直都是個替人著想、願意犧牲的人，她以為床位不夠，於是她決定睡在客廳。不是我睡客廳，也不是阿妮，而是她自己。哪怕她已經在時空中迷失了，還是顧念著他人。

我決定把自己的意識安放在這個意念上。

不被愛的創造愛

母親在半年前檢查出腦部積水，她的行走遲緩、失去平衡，都找到了答案。「還要注意的，是失智的問題。」神經內科醫師提醒。事實是這兩年來，我已經偶爾感覺到母親有點晃神，原本以為是因為父親的急症，令我們的生活失序，也使她情感受創，如今看來，我們似乎是正在面對一個未知的挑戰。

前些日子，陪母親去萬芳醫院做腦部核磁共振的檢查，病人得換上檢查服，那是一件式的長袍子，絳紅色的，下襬垂到腳踝處，頭上還戴著綠色的不織布浴帽。這些日子以來，母親原本的衣著品味消失了，她的混搭常出人意表，有時甚至會穿上父親的西裝褲。而此刻她在準備區等候，我被隔離在外，遠遠看著她，端正的坐著，有點像是準備登台的唱詩班或是舞台劇演員，緊繃卻優雅。

我向她揮揮手，她舉起手回應，還帶著靦腆的微笑。那時刻的母親既熟悉又陌生，與平素的樣貌不同，竟覺得美麗，我想留下這畫面，成為永恆，於是按下手機快門。

在臉書貼文時，這張照片附上一段文字：

因爲水腦症的緣故，
媽媽的失智愈來愈明顯了。

這幾天她總在下午四點左右吵著，爲什麼還不吃早餐？

昨晚我在寫稿，

媽媽到房間門口跟我說她要睡覺了，

我跟她說晚安，

順口問她：

「有沒有什麼事跟我說呀？」

她說：「我愛妳喔。」

我說：「喔耶！我也愛妳。」

然後我送她上床睡覺。

雖然媽媽的記憶在流失，

她還記得她愛我。
這個夜晚非常幸福。
以後怎麼樣我不知道，
我只要記得這一刻，
牢牢的，記得。

這段貼文下面的留言，有許多加油打氣的話語，有的人是頭一次留言，為了給我打氣，也有讀者說，以前是我陪伴著大家成長，在他們生命低潮中，曾經給予過安慰或療癒，現在，他們也願意成為我的支撐，等等。而在這麼多的回應中，令我印象最深刻的卻是這一則：

曼娟老師幸福，媽媽還愛你，

我媽媽雖沒失智，可是她不愛我們。

父母是給予我們生命的人，他們也必須給予我們愛。曾經，我是這麼相信的。父母愛孩子乃是天性，尤其是母親，生了孩子之後，母愛自然大噴發。然而，當我看見那些虐兒致死的犯罪事件，當我聽見幾位已為人母的女性朋友說：「怎麼辦？我覺得我並沒有那麼愛孩子，我知道孩子是我的責任，也知道自己必須盡責，但我好像缺乏母愛呀。」我便知道，「母愛乃是天性」這句話是因人而異的，正確的說法是：母愛，不一定是天性。

如果誕生在這個世界上，被父母與長輩們滿滿的愛包圍，在愛的感受上，是自給自足的，於是，便能好好的愛人與被愛。如果誕生在這個世界上，卻不被關愛，總在匱乏與焦慮中，一次又一次失落，那麼，就注定要成為一個愛無能者嗎？

「因為從小得不到愛，我的人生只能毀壞了。」這樣的想法，是否太負面、悲觀而絕望？

在我看來，愛也是一種財富。是無形的、心靈的財富。

生下來就被愛的人，好像是銜著金湯匙出生的富二代，心靈感覺優裕從容，不那麼渴求愛；也不會宛如溺水者抓住浮木那樣的抓住愛；更不會為了愛而不計一切的犧牲。

生下來不被愛的人，就像在貧困的家庭長大，愛是由自己創造的，不是繼承而來的，如果父母不愛孩子，孩子們可以彼此相愛。如果在愛的道路上遇到挫折，便學會調整與修正，漸漸明瞭什麼才是愛。

事在人為，「愛」在人為。

白手起家的企業家是典範，他們不被現實環境限制，努力的攀登人生巔峰。「白手起愛」的創造者更令人敬佩，他們打破了不被愛就不能愛的魔咒，把匱乏者蛻變為慷慨的給予者。白手起家或白手起愛，都是創造命運的勇者。

愛，讓活著值得

我的母親依然迷失在時間與空間裡，早晨起床，她問我：「我們現在是住在旅館裡，還是在家裡呀？」

「我們在家裡呀，妳不覺得看起來很像我們家嗎？」

「我是覺得，這個旅館怎麼跟我們家滿像的。」母親環顧四周，看見跑來跑去的貓咪，她顯得開心，「我還在想啊，這個旅館真不錯，我們還可以帶著貓咪出來旅行。」

母親從年輕時就愛旅行，到了新環境完全不覺得懼怕，總是很快就融入了。二十年前我到香港教書，父母與我同行，雖然語言不通，母親還是很快就在沙田街市交到了朋友，攤販們熱心的教她煲湯；告訴她哪間鞋店的鞋子便宜又好穿；同樣價錢她買到的水果總比我買的又多又好。七年前我去香港工作，又將二老接來同住，母親再度發揮主婦精神，拖著菜車走長長的路，到油麻地街市去建立自己的友誼範圍。她很享受易地而居的新鮮感，不太喜歡固定在同樣的地方太久，我常說她是我們家的「遊牧民族」，也深信她是家中唯一能在沙漠中「逐水草而居」的人。

她常常想望著去旅行，當父母身體還算健康，我也安排了許多國內外的旅行，陪著他們到處走逛。母親坐在車上，興奮的張望著一閃而過的景色，不斷讚嘆著。父親畏懼變動，母親卻渴望變動，我想我更像母親。

「妳想旅行嗎？」我問母親。

「想也沒有用啊，我現在眼睛也看不清楚，路也走不動，怎麼去旅行呢？」母親這兩個月確實退化得很迅速，如果用縮時攝影拍攝再播放，我想我可能會尖叫。

「沒關係，妳就當作是在旅行吧。我們今天來到義大利，中午就吃義大利麵好嗎？」

胃口一向良好、對進食充滿熱情的母親近來怠懶飲食，吞嚥也覺得吃力，我想做一道番茄海鮮義大利貝殼麵給她吃。蛤蜊用酒炒出湯汁，再加上鱈魚、鮮蝦與番茄，煮得軟硬適中的貝殼麵浸泡在紅燦燦的湯汁中，實在惹味。母親津津有味的吃掉一大碗，她說：「義大利麵真好吃。」

這是母親還沒有忘記的，我對她的愛。以後會怎麼樣？沒有人知道，我也不想知道，看著母親飽足的笑容，這樣就值得了。

特別感謝

萬芳醫院醫療團隊

心臟科／謝敏雄 醫師
精神科／邱一航 醫師
骨科／林心畬 醫師
神經內科／宋家瑩 醫師
消化科／吳明順 醫師

下一棵聖誕樹

愧疚終結者

和朋友約在台北火車站見面，大廳裡高高矗立著聖誕樹，裝飾得金碧輝煌，一群年輕人在聖誕樹前搭舞台，播放歌曲。圍繞著聖誕樹的學生、情侶、親子、外國遊客，紛紛舉起相機和手機拍照。啊，十二月已經到了，到處都是聖誕的歡樂氣氛。

我站在一旁看著，這一切的明亮、鮮豔、溫暖與喜悅都是別人的，與我無關。我無法擺脫的是某種孤獨感，在這灰暗的核心，只有我自己一個人。因為這些日子以來的經歷，沒有人可以理解，使我彷彿被隔絕於世界之外。

我在咖啡館找到位子坐下，靜靜思索自己的感受，而後，在臉書「照顧著老去的父母，才真正理解人生」專欄，寫下這樣一段話：

九十歲的父親有了精神疾患以來，
這是我第二次看見聖誕樹了，
眞是一年容易又聖誕。
可是，怎麼辦呢？關於照顧這件事，
我依然學不會淡定，依然有太多驚惶失措的時刻，
依然睡眠不足，心力交瘁，
依然看起來好累。

總是在摸索中摔倒受傷，
覺得自己哭得太多了、太軟弱，
有時候對自己的無能感到羞愧。

所幸，
我仍在路上，我仍在學習與努力，
我還堅持不放棄。

對於仍在路上的妳和你，以及我自己，
很想說的是：
也許我們永遠沒辦法做到最好，
但走到這裡已經很棒了。

是的，我已經走到了第二棵聖誕樹，即將走向第三棵、第四棵……我確實做得不夠好，也沒辦法做到最好，因為我就是沒有能力做到最好的那種人，但我已經盡力了。

著名心理學家大衛．霍金斯（David R. Hawkins）分析了各類情感的能量等級，他指出最負面、最傷害身心的情緒，並不是憤怒、悲傷和恐懼，而是羞愧與內疚，二者合而為一，就是愧疚感。弔詭的是，自我要求愈高的人，愈容易感到愧疚；負擔責任愈多的人，愈常感到愧疚。

努力了就不要愧疚

我的朋友被愧疚感折磨了好多年，原因是她的室友和一個不負責任的男友分分合合好幾次，搞得身心俱疲，她陪室友墮了胎之後，恨恨的說：「如果妳再不跟他分手，我們以後不用當朋友了。」那是暑假開始的第一天，她收拾了東西回南部的家，室友打了兩次電話給她，她都沒接。家人轉話給她，第一通電話，室友請她放心，說自己會好好的，第二通電話室友只是哭個不停。她覺得這就像是三年多以來的輪迴，永無止境的糾結情緒，她覺得好累，不想再管，約了幾個高中同學，到墾丁露營去。墾丁大草原上的星星好多、好大、好亮、好美。夜晚好寧靜，她完全放鬆，睡了一場好覺。

回家之後便聽說，室友去世了。室友的家人說是心臟病發猝逝，但她清楚知道，猝逝是真的，心臟病是假的。她連室友的告別式也沒有參加，靜悄悄辦了休學，斷絕了同學們的聯繫，飛到紐西蘭，在姑媽家的中餐廳打工，過著全然不同的另一種生活。她清楚知道自己完全變了，生命裡曾經擁有的快樂都已消失，就連夜裡看見滿天星光都讓她感到痛苦，那些璀璨星光冷冷看她，批判著她、譴責著她——當妳的好友絕望瀕死，妳竟然在星光下酣眠。

不管工作有多疲憊，她很難入睡了，只好借助酒精與安眠藥。

如果那時候接聽了室友的電話，也許，悲劇不會發生？都已經陪伴了三年，為什麼不能堅持下去？她也不留情的批判自己、譴責自己，沉溺在愧疚的悲傷中，痛苦的過了三年。

某一天，餐廳裡來了一群用餐的觀光客，他們高聲笑嚷，喝了酒之後更加放肆喧鬧，影響到其他客人，她不得不過去勸說。「破爛餐廳有什麼了不起？老子是來消費的！」懷抱著女子的男人對她嗆聲，她一句話也沒說，掄起桌上的什錦火鍋砸過去。

男人進了醫院，卻撤銷了對她的提告，而她則進了心理師的診療室。心理師單刀直入的問：「那個男人是誰？」

她直到這時候才失聲痛哭。看見室友的前男友過著幸福生活，並且如此囂張，她想到室友已化成灰燼，自己也如同槁木死灰，龐大的恨意攫住她，使她發狂。

「室友的死不是妳的錯。看見她的前男友過著若無其事的生活，妳還要懲罰自己多久？」

在心理師的幫助下，她明白了自己當年已經盡力，只是再也撐不下去，瀕臨崩潰，所以必須抽離。心理師告訴她，室友的情感選擇與生命選擇，都是她無能為力的，因為她的陪伴，已經給了室友許多支持與安慰，然而她不是神，不可能無限度的給予。那年夏天，在那樣的情況下，她已經做到最好了。

我的朋友從那一刻起，有了重生的感覺，她離開紐西蘭，回到台灣，重新念大學，半工半讀，創立了自己的事業。她常對員工說：「為了不要有愧疚感，必須努力過每一天。因為很努力，就算沒有達到預期的目標，也不要愧疚。」

照顧者常感到孤絕

這一年來，我開始以中年人為主題，進行演講。在一場企業內部的演講活動中，談到所謂的哀樂中年，照顧老父母的經歷，那是一個很新的領域，我們的老父母在奉養上一代時，並未曾經歷過這樣多的高壽老人，他們沒有傳承方法與想法給我們，也沒有思考過當他們到達高壽卻退化時，想要過怎樣的生活。於是，做為子女的我們，能夠想像的孝道，就是無論如何都要讓父母「活」下去。

到底是活下去？或是有品質、有尊嚴的活著？是這幾年才開始討論的議題。

母親八十一歲住院時，同房的三位老太太年紀都比她大，一位年近九十了，一位九十三，一位九十五，氧氣瓶隨侍在側，包著尿布，插著鼻管，常需要抽痰，白天黑夜發出無意識的呻吟。最不忍聽的，是拍背時肉體被擊打的沉重聲響，夾雜著老人哭喊疼痛與叫罵聲。如果這一切醫療舉措，能令病人恢復健康，那也就罷了，偏偏這裡沒有痊癒、沒有救贖，只是在邁向解脫的道路上增加更多無謂的痛苦，如此而已。

當我演講告一段落，有位頭髮花白的中年人舉手問問題，他說：

「前陣子我也在醫院裡照顧九十歲的老母親，真的是非常辛苦的歷程。我一直在想，做兒女的我們都希望能把父母照顧好，可是，到底要做到什麼程度，才叫作『好』呢？」

說這段話的時候，他的眉頭深鎖，除此之外，沒有流露太多情緒。

「『希望能把父母照顧好』，有這樣的希望，就已經很好了。沒有一定的標準來衡量什麼是好。如果父母清楚交代了，就照他們的意願做；如果父母沒有交代，就想想若是躺在那裡的是我們，我們希望兒女怎麼做？」

中年人點點頭，對我說謝謝。我追問了一句：「媽媽現在的狀況還好嗎？」他說：「已經出院了，目前還好。」只是目前，老年人的事都只有目前，不敢說以後。我忍不住對他說：「照顧者勞心勞力，請一定要好好照顧自己呀。」他沒說話，抿緊嘴對我點頭，那一瞬間我看見他臉上複雜的表情。

二〇一五年成立照護者 Mental Care 協會的橋中今日子，拯救了超過五百個因長照而面臨崩潰的家庭，演講次數超過三百場。出版了《照顧，不需要努力》（がんばらない介護）這本書，講述自己持續二十一年來，獨力照護智障弟弟、中風昏迷的母親與失智祖母的親身經歷。發行僅僅一週，便登上日本亞馬遜網路書店新書排行榜第一名。橋中說：「照顧者其實是打從心底抗拒向人求助的。」日本是如此，台灣也一樣，總覺得必須親力親為才是孝道。當家中長輩面臨長照時，許多人認為「應該」由自家人來照顧，不能麻煩別人。「如果求助就是偷懶，不負責任。」這樣的想法讓照顧者陷入痛苦，忍受著極大的精神壓力。

我想，正因為如此，照顧者常常有孤絕壯烈的感受，而在長輩離世之後，悲傷和失落席捲而至，化為愧疚感——那時候如果多做一些、再犧牲一些，換了不同的選擇與決定，情況會不會不同？

我應邀到曾經任職的香港光華新聞文化中心演講，那天的講題為：「一個人的生命旅程」，既然是分享自己的人生經歷，免不了又談到照顧老父母的心路歷程。

當照顧的課程修完畢業時，有些照顧者卻還讓負面情緒如影隨形，最常見的就是愧疚感。

「已經畢業的照顧者千萬不要覺得愧疚，不要覺得自己做得不夠多、不夠好。試著想想，如果沒有你的照顧，長輩將如何走完人生的最後一程……」當我講到這裡，好幾位中年聽眾眼中已泛起淚光，坐在第一排靠邊的一位男士，突然低下頭去，接著，他的雙手捧住臉，肩膀抽搐著，哀哀的哭了。

我看見了，但是不想驚動他，就讓他好好的哭一場吧。

他的前方有窗，四十九樓的窗外是璀璨奇幻的維多利亞港，讓夜的燈光溫柔的擁抱他，卸下他的創傷，終結他的愧疚吧。

而我已經看見了聖誕樹頂的星光閃亮，就讓我滿懷希望的大步向前，走向下一棵聖誕樹。

沒有勝利者的戰爭

當我意識到，這是與時間對抗的一場戰爭，我便明白，就算全力以赴，傾盡所有，也是枉然。

這是一場沒有勝利者的戰爭。

一直都與父母同住的我，當然曾經揣想過，當父母變得更年邁，老與病的摧折相繼而來，那會是什麼樣的情景。老與病使人孱弱無依，需要悉心照顧，我想像的景況是這樣的。事實上卻全然不是如此。父親九十歲爆發了精神疾患，他沒有變弱，反而變得更強，狂躁、暴怒、衝動，破壞力強大。場面常常失控，家人的關係瀕臨崩解，照顧之路竟如此狂戾暴動、寢食脫序、晝夜難安，完全超出了想像，令我束手無策。在許多暗黑的、無眠的夜晚，最壞的負面情緒攫住我，我覺得自己再也撐不下去了，我想要毀滅。

天亮以後，又有新的念頭升起，自小到大，父母從不因為我是個女孩而輕視我，甚至給予更多的珍視與疼愛，是他們把我塑造成自尊自重的人，我不可以就這樣自暴自棄，敗下陣來。雖然，生病的父親已經不是原來的父親了，但我還是原來的女兒。我必須自救，而後才能救我的父親，救我的家庭。

數十年來，書寫一直都是我的救贖，於是，我又走上這條路。當我陪父親住院或門診，常看見許多老人臥病在床，照顧他們的多半是大齡子女，推著病床或輪椅，花白的髮絲，略微吃力的身影，都讓我覺得酸楚，在那些身影的內在，又隱藏著多少不可言說的艱辛與煎熬呢？

你也是獨力照顧著老人嗎？你還在上班嗎？你有沒有好好吃頓飯？你晚上不用安眠藥也能入睡嗎？你會不會覺得好孤寂？

你還能感受到愛嗎？

有好幾次，我在醫院等電梯的時候，看見那些背影，都忍不住的濕了眼眶。

親愛的照顧者，你真的好辛苦。我能夠明白。

於是，在照顧父親九個月後，在他的病情起起伏伏中，我開始在臉書寫下一系列的短文：「照顧著老去的父母，才真正理解人生」。

01.

不管如何耗盡心力，他們都不會變「好」，因爲，他們沒有病，他們只是「老」了，並且愈來愈老。

你可以選擇離開痛苦的愛情，你可以辭去不如意的工作，但你不能放棄他們。

哪怕他們爲你帶來很大的痛苦和挫折。
這是你從未擁有的經驗，一直在迎戰，卻永遠沒有勝利。只能減少遺憾。
如果你和我一樣，正在照顧老去的父母，
請一定要把自己照顧好。

有些照顧者，是拚了命在做；有些則是例行公事，點卯打卡的性質；當然也有找了人代勞便不再聞問的，那些人不能稱為照顧者，只是資方。

拚了命投入的照顧者，在我看來是高危險群，他們不知道自己已經透支了體力與情感，不知道過度的疲累與沮喪，正以怎樣的速度摧折著他們的健康和心智。他們為了傾盡全部心力與時間，已經失去了工作、取消了休閒、犧牲了家庭、斷送了人際關係，他們只把自己活成一個純度百分百的照顧者，再無其他。一旦被照顧者離世之後，不僅是龐大的悲痛難以承受，更可怕的是無邊無際的失落與空虛，人生再沒有目標與意義了。

照顧者不該承擔全部責任，如果身邊有家人，就要與家人共同承擔，讓其他人也理解照顧是怎麼一回事，這是每個人都該有的學習。如果沒有家人，也不要為了照顧而把自己全部取消，依然保留著部分工作，持續著人際關係，給自己找樂子的時間和機會，雖然都是零零碎碎的，但這些片斷連結起來，才能讓我們有「活著」的感覺。

我們是照顧者，必須好好活著。

02.

大齡兒女照顧老年父母，不是過渡時期，

不能拚了命的硬撐。

因此，該休息的時候要休息，該放鬆的時候要放鬆，該求援的時候就求援。

我遇過一個年輕男孩，提到母親獨自照顧阿公、阿媽，

什麼都要自己打理，一肩挑起，

明明很辛苦卻從不喊累，

男孩說著紅了眼眶。

妳／你心疼自己的父母，兒女也很心疼妳／你。

很累的時候就說出來，太沮喪的時候就哭一場，

都沒關係的。

照顧年老的父母不是曇花一現，

是一種日常。

自從在臉書上發表了「照顧著老去的父母，才真正理解人生」系列短文，才發

現在照顧的這條道路上，我真是太資淺了。許多照顧者紛紛浮出與我分享心情，有人照顧完癌症的媽媽，又要照顧中風的公公，接著是失智的婆婆，持續了十六年。有人照顧成為植物人的先生，已經滿了十二年。我必須承認，在閱讀著這些留言時，有種無法呼吸的沉重感。

如果是我，再過十六年，就已經七十幾歲了，完成照顧功課後，自己真的就是一個老人了。我常呆呆的坐在桌前，對著電腦屏幕，不知該說些什麼，就連按讚都感覺淺薄，若是回覆「加油」，又覺得根本隔靴搔癢，毫無益處，於是，只能繼續呆坐著。

這些留言讓我意識到，太多人背負著更重的擔子走在我前面，與他們相比，我真的算是很幸運的，這是始料未及的收穫。

曾有人問：「如果妳實在撐不下去了，有想過其他的方法嗎？」「妳有沒有想過，這要持續多少年？」

沒有，我沒想過這些問題。這樣的問題是此刻無法算計的，我只知道，日子一天天過去，不管發生了好事或壞事，過一天算一天。只回頭看自己走過的路，覺得真不容易，有時為自己感到驕傲，這樣就夠了。

摔倒了再爬起來，哭過了擦乾眼淚。絕不會問：「怎麼會這樣？」也不會問：「為什麼是我？」路在前方，走下去就是了。

03.

照顧著年老父母的時候，是一種把自己所有稜角都磨平的修練。

雖然已經很努力了，卻有可能只是一個微小的環節，

便有功虧一簣的感受。

「怎麼會這樣？」連這個念頭也不必有。

命運如水流，我們被無常的、難以預料的命運馴服，

只能溫順匍匐，不必爭，也無可爭了。

能走一日便是一日，讓我們甘心做一條水草吧。

當我在臉書貼出照顧文的時候，必然會有人這樣回應：「能夠照顧老年父母，是妳的福報，要惜福，要感恩啊。」又或者是這樣的回應：「我們小時候，父母無微不至的照顧著我們，我們照顧他們的晚年，不是理所應當的嗎？」每當看見這樣的留言，我總忍不住的想：「留言的人並沒有承擔過照顧的責任吧？」

照顧者不管是為了惜福或是感恩，又或許是莫可奈何，都是扛下了沉重負擔的人。而最可嘆的是，照顧者的苦，沒有共同經驗的人是不能體會的。

照顧者長期睡眠不足，甚至變為睡眠障礙；照顧者三餐不正常，於是腸胃功能變差；照顧者奔波於不同的醫院和科別，等著掛號、領藥，日復一日；照顧者無可避免的意志消沉，精神耗弱，最後只好求助精神醫師，更別說有些照顧者丟掉了工作，犧牲了生活，經濟陷入困窘，人生走到絕境，旁人卻還要他「惜福、感恩」。多麼諷刺而殘酷。

旁人不能理解，「相關的人」也會冷言冷語的批評：「你就吃了安眠藥去睡啊，什麼都不要管，睡飽再說。」「都是你把他寵壞了啦，幹嘛要聽他的？他有病耶！」這些相關的人，原本也應該擔負照顧責任的，因為沒有負責，反而批判得更為嚴苛，讓照顧者背負著更多的愧疚和痛苦。

被照顧者也不能理解，為什麼非要吃那麼多藥？為什麼我愛吃的都不准吃？為什麼我要復健？為什麼叫你的時候你不來？為什麼我需要你的時候，你偏偏在洗澡？為什麼你處處和我唱反調？為什麼你這麼不孝？

照顧者的孤絕感，就像是一種宿命，如果抱怨了，甚至只是陳述一個事實：「我覺得好累啊。」就會聽見不以為然的糾正：「照顧父母怎麼會累？以前父母照顧我們的時候，都沒有喊過累。」照顧者於是把更多的苦楚硬生生吞下去了，像是「我快要瘋了」、「我好絕望」、「我真的撐不下去了」……

如果說了，就是不孝。只能一次又一次隱忍，自行消化，消化不了的便成沉疴。我不只一次聽過這樣的例子，照顧者盡完了照顧的責任，不到一年，便生病過世了，有的是癌症，有的是心臟病。

照顧者是拿著自己鮮活的命在拚的啊，拚不過的就壯烈犧牲了。

若你的身邊有照顧者，當他試著傾吐疲憊，請別再對他說「福報」這樣的話，你可以靜靜聽他說，或者給他一個擁抱，或者只是一句真誠的「辛苦了。」如果可能的話，再慷慨的付出一點時間：「需要我幫忙照顧一下嗎？」「我可以開車送你們去回診嗎？」

在我的照顧之路上，不只一次聽見朋友對我說：「需要幫忙就跟我說，你知道我在這裡。」感受到支持，是照顧者最需要的情感。

對我來說，這才是照顧者的福報。

04.

有人說，照顧老父母就像照顧小孩一樣。

其實，眞的承擔起照顧責任，就知道不一樣。

照顧小孩，是在父母的秩序下過生活；

照顧父母，仍是在父母的意志下過生活，

明知有種種偏執、不合理，卻只能順從、說服或妥協，

許多負面情緒與深深的疲憊感，就是這樣產生的。

還有一個重要的差異，照顧小孩是有未來、有期待的，

照顧著老父母，我們擁有的只是此刻，只有今天。

我的朋友近來糾結得很厲害，她三年前為了照顧失智的母親，提早退休了。當母親過世之後，她正在規劃生活，鄉下的婆婆又中風了，先生拜託她回去照顧。為

了他們結婚後搬出老家，來到城裡生活，婆婆始終不能諒解，每次見面都不給她好臉色看，她們的婆媳關係是相當緊張的。

「現在我老公請了半個月的假，在照顧他媽媽，再過幾天，就輪到我搬過去了，我每天失眠，還掉頭髮。那天我女兒從美國打電話來，叫我乾脆搬去美國跟她住，我說我還是去出家比較好，六根清淨。」朋友的聲音異常尖銳亢奮，我知道她真的不太好。

「為什麼要妳去？」我問。

「因為我已經退休啦。」

「妳為了照顧妳媽所以退休，他也可以提早退休，照顧他媽呀。」我直覺的說出口，朋友瞬間有種茅塞頓開的感覺。

她說她應該跟先生好好談談，我想的卻是，先生是在占太太的便宜吧？太太已經提早退休，盡完了自己的照顧責任，為什麼還要繼續照顧婆婆？尤其是先生也知道婆媳關係並不好，將母親和太太放在一種緊張的狀態中，讓兩個人都很不快樂，是很愚蠢的做法吧？這件事若照著先生的安排發展下去，只是成全了先生的逃避心理，如此而已。

「如果我是中國傳統婦女就好了，就不會有這些離經叛道的想法了。」朋友和先生談過之後，傳了這樣的訊息給我。

我給了她一張擁抱的貼圖，什麼都沒再說。

「人生一世，只對生我們的和我們生的負責就好。」我認同這種說法，甚至覺得所謂負責，也是有限度的，不是予取予求的。

不想承擔不屬於自己的責任，就是「離經叛道」嗎？在我看來，所謂的「經」，就是自己的父母自己顧；所謂的「道」，就是自己的責任自己擔。不逃避、不推託，就是做為一個人的品格。

女性在家庭和照顧上，總被要求或期待負擔更多，或全部負擔。

做為一個女兒、妻子、媳婦，並不代表要無窮無盡的付出，女人存在的意義，並不是犧牲。兒子、丈夫、女婿，也有付出的義務和奉獻的快樂，千萬不要剝奪了他們的人生啊。

05.

當老父母發生狀況的時候，兒女的反應各有不同。

有人總是站在第一線，有人便站在第二線，

有人根本不出現。

這些情況好像不能那麼果斷的用「孝順」或「不孝」來判定。

每個孩子的成長過程，都與父母有千迴百轉的糾結，

不足爲外人道的種種。

於是，到了最後，有人選擇了承擔，有人選擇了逃避。

愛，是幸福的，

愛，也是艱辛的。

年輕時候，因為單身的緣故，父母擔了許多心，常常對我說：「現在有爸媽陪著妳，將來我們都走了，妳一個人孤伶伶的，怎麼辦呢？」那時候我就有預感，覺得爸媽和我相伴的時間會很長，因為他們是很自律的晨運者，吃食比較清淡，生活習慣良好，又沒什麼疾病。

如今，父母年紀大了，毛病也多了，反而不再問我，他們走了之後，我要怎麼過生活？也或許是他們看見了我的生存能力，覺得沒什麼好擔心的吧。

經過了兩年的磨練，我已經成為一個合格的照顧者。這是我引以為榮的事，並沒有人教導我該怎麼做，一切都是在混亂、艱困、捉襟見肘的情況下，摸索著走過來的。

一個照顧者的日常是怎樣的呢？

在二〇一七年十二月六日這一天，我把鬧鐘設在清晨五點五十五分，醒來後，在網路上為母親掛好了神經內科門診，接著再躺下讓眼睛休息。因為母親之前住院的焦慮感，我的針眼又腫了起來，眼科醫生只叮嚀：「要放輕鬆，多休息。」七點之前振作起床，在十四度的低溫中穿好外套，裹緊圍巾，戴上帽子，喝完一杯溫熱開水，就拉著菜籃車買菜去了。

七點鐘的菜市場很冷清，彷彿才剛剛甦醒，菜販忙著搬貨，排列菜蔬，於是，我可以在買雞的時候，和老闆娘聊上幾句，一點都不被時間催趕。蔬菜和肉類買齊了，回到家立刻為熬湯做準備，雞骨架和雞腳用壓力鍋燉煮起來，吃完早餐，摘掉黃豆芽的根，特意看了時間，耗時四十五分鐘，這是為雞高湯煮番茄黃豆芽準備的。

九點鐘準時出門，陪媽媽去萬芳醫院，等候門診、批價、領藥，回到家已經十點半了，我和印籍家務助理阿妮一起下廚，趁著午餐前陪伴父母逗弄兩隻貓咪，牠們已經跑了一個上午，懨懨的睏倦了，縮著身子睡覺，實在可愛。

吃完午餐交代過阿妮，便來到辦公室，專注打稿，今天的進度是三千字。黃昏時完成了，一時興起，和工作夥伴們相約上山泡溫泉吃砂鍋魚頭，沿路淒風冷雨，可是在溫暖的車上感覺非常安全。

到了中年，成為照顧者才明白，人生不是戰場，不必追求勝利，也沒有勝利可以追求，最重要的其實是經歷。照顧者的經歷，讓我成為更成熟、更完整的人，也讓我更加認識到自由與快樂的可貴。

06.

同樣照顧著老父母的朋友請我分享心情，

我說：「這樣的日子不會愈來愈好的。」

這是實話。

父母親愈來愈老、病、弱，而後我們失去他們。

等我們完成照顧重任，

我們也要邁入老、病、弱，怎麼可能會好？

「可是，會變得自由。」

當我們預習著老去，明白老後所需，

只是出門時一台輪椅，想睡覺時一顆安眠藥，

便會擺脫更多的欲望與紛擾，

獲得自由。

「變得自由？那眞是好啊。」朋友讚嘆。

是啊，我也覺得，自由眞好。

最後一里的送行者

為房婧如《華香散處》序

門開了，不得不鬆開手，讓至愛的父親獨自走上前去。

在最難割捨的痛苦來臨時，我們應該感到寬慰，也感到驕傲，縱使有那麼多黑暗與絕望、失序與徬徨，然而，父親的人生最後一里路，是我們牽住他的手，陪伴他走完的。

婧如與我初相遇時，我們都是少女，並且都是慘綠少女。高中聯考敗下陣來，於是進入五專就讀，讀的還不是熱門科系。我是不快樂的，婧如也是，不快樂的人總是很容易感受到他人的不快樂。於是，我們成為好友，也發展出相濡以沫的情誼。每個學期都擔心著會計學和統計學會不會被當；如果畢不了業，把五專念成了「六專」，該怎麼跟家裡交代？但是同時，我們也坐在春天的廊簷下，看著陽光從樹葉縫隙篩下的光點子，等待著某個並不相識卻令人興奮的男生，不經意的走過。

那時候並不知道，我的憂傷，她的抑鬱，究竟是從何而來？

應該是我的說服有功，婧如繼我之後，也考上了東吳大學中文系插班，成了我的學妹。那一年，我受邀到婧如嘉義的家裡，見到了房伯伯和房媽媽，我們坐在院子裡享用非常豐盛的沙茶火鍋。兩位長輩親切熱情的招待我，那是在老式的宿舍平房，左鄰右舍聲息相通，飯後我們還去探望了兩位老人家，婧如說是爺爺奶奶，卻沒有血緣關係，或許都只是離鄉背井的人，無所依憑，彼此照顧，便成了新的家人。

那一次的拜訪，印象最深刻的，是開朗勤奮、充滿元氣的房媽媽，她的臉上總掛著笑，看起來相當年輕。

沒想到像太陽一般耀眼的房媽媽，竟然因車禍意外過世，於是，婧如在那一刻成長了，也擔起了沉重的責任。

自從進入職場，婧如得以施展才華，她的自信散發光彩，不再抑鬱，變得風趣幽默，什麼樣的場面都能應付自如，我像是認識了一位新朋友般的珍惜。雖然公務繁忙，她卻把高齡的房伯伯照顧得很好。妹妹婉如在台北工作，一到週末便趕回嘉義陪伴老父，我一直覺得，房伯伯真是位頤養天年的幸福長者。

九十五歲的長者，走完了他的人生旅途，如一片疲倦的葉子，緩緩飄落。而婧如為父親做的最後安排是「居家安寧」，確實需要勇氣。如果是安寧病房，那麼，有足夠的醫護可做為後盾，心理上要安穩許多，「居家安寧」每件事都是考驗，對於慌亂又感到無力的家屬來說，會不會像一場噩夢？

感謝婧如的《華香散處》，用日記體的方式，如實呈現了她陪伴父親走過的每一步，該做的事有哪些；可以尋求的支援在哪裡，這是一個開創式的書寫，是一條不久之後許多人都必須要走的道路，關於人生的最後一里。它並不浪漫，卻充滿情感，是對至親與自己的人生整理，應該道別的、應該道謝的、應該記得的、應該放下的，就在最後的時刻，完成。

讀著婧如的原稿，有好幾次，我淚如雨下，無法自已。四十年前的謎底，終於揭曉，為什麼我們都有樂觀明亮的母親，卻依然那麼不快樂？是的，因為我們的父親。他們從天崩地裂、毀家亡國的大時代走來，他們的身上背負著太多的冤屈與恐怖，那些魔咒吞噬掉他們一生的歡娛和幸福。我們愛父親，一面臣服於他的嚴厲，一面悲憫於他的流離，一面又希冀自己能為他帶來榮耀與快樂。我們小心翼翼的活著，為自己表現不好而感到愧疚。最終，當他們被老、病、弱所襲擊，人生的最後一場戰役，我們選擇了成為他的盟軍，打一場注定要輸的仗。

並不是所有的子女都這樣選擇，當戰鼓頻催，有人選擇逃避，有人選擇憤怒，他們像逃出一間失火的房子那樣，遠遠離開了。而我們堅定的穿上盔甲，牽住了父親的手，甚至給他一個溫暖安心的微笑。

這兩年來，為了照顧一直與我同住的老父母，也常有心力交瘁之感，尤其九十歲的父親主要病徵是老年精神疾患，他吃的某些藥物與房伯伯是相同的，這些從地獄走過的老人啊，難道這竟是他們共同的宿命嗎？

婧如完成了生命裡最寶貴也最艱難的一堂課，而我還在認真的修習中，現在她成了我的學姐了，想到未來有她可以倚靠，覺得自己十分幸運。

最後一里其實不是輸了，而是光榮的放開手，是一場沒有遺憾的相伴，是圓滿。

叁／
中年人愛讀書

在閱讀已然式微的時代，
中年人依然喜愛閱讀時的身心感受。

孤絕而又豐盈，
渺小卻又巨大，
讀的不只是書，也是自己的人生拼圖。

野渡無人舟自橫

中年人的自由與自在

我是一九六一年出生的，那個年代，電視才剛剛開始，並不被視為日常家電用品，而是奢侈品。像我們這樣的普通人家，家裡當然沒有電視。回想起那個年代，大部分的人都不富有，可是大部分的人都充滿希望而快樂的活著。彷彿每一天都有意義，都有奮鬥的目標。

我是在一個類似眷村的環境裡成長的，我常覺得，眷村帶給我最大的人生啟示就是：永遠不用擔心匱乏——當你學會分享。

在眷村裡，如果有一家人一時興起，蒸了幾籠包子或是饅頭，於是我們那兩排鄰居，晚餐都有包子跟饅頭吃。到了第二天又有哪一家人做了什錦燉菜，於是，大家都可以一起來分享。所以，也許我們家裡面只有兩袋麵粉，但是每天晚上都有不同的好東西可以吃。而我也就學會了，分享，能讓我們擁有更多。

只是在閱讀這件事情上，確實是非常匱乏的。

在月光下背唐詩

當我小時候，我們家並沒有報紙這樣東西，訂報在那個年代也是奢侈的。我的伯父、伯母住在台南，他們的家庭環境稍微好一點，因為除了上班工作之外，我的伯父經營著一間小小的相片沖洗店，很多人會來他們家裡洗相片，坐在那裡等著取貨的時候，總要有點東西可以打發時間，所以我的伯父就訂了報紙。

當他們把一整個月的報紙看完之後，會把所有的副刊抽出來變成一包，寄到台北來給我的母親，那是一個月份的精神食糧。雖然我還不認識字，但是我很清楚的記得，每個月一收到副刊，母親那種快樂的神情。

她會很小心的把那個報紙包拆開來，一張張攤平，按照順序排好，然後坐在窗邊的位置上，開始認真的閱讀。我記得她愛看的是瓊瑤的長篇連載小說《紫貝殼》。有時候她的臉上充滿了感動，有時候充滿哀傷，有時候掉下眼淚。因為還不會閱讀，所以我只能坐在她的旁邊問她：「媽媽，妳在看什麼？」她有時候會讀一小段文字給我，我想，那就是我閱讀以及文學最初的啓蒙，是從聆聽開始的。

後來，弟弟也來到這個人間，我的母親就帶著我們，開始閱讀唐詩。讀唐詩對我來說，充滿了複雜情緒。媽媽拿著一本破破舊舊的《唐詩三百首》教我們閱讀，每次她讀完一首詩之後，我跟弟弟就把這首詩背起來。我跟弟弟的年齡差三歲，所以當我五歲的時候，他只有兩歲。常常，在黃昏的時候，我的母親就會牽著我跟弟弟，走一段長長的田埂去接父親下班回家。

我們兩個孩子，在月光下大聲的背著唐詩，迎面走來一些成年人，他們會停下來對著我弟弟讚嘆：「哇！好棒喔！這個小朋友，你才幾歲？就會背唐詩。」我媽媽就說：「喔，他只有兩歲。」雖然我站在旁邊說：「我也會。」可是，一點也沒有用，因為所有人都注意那個兩歲就能背唐詩的孩子，我已經太大了，儘管我其實只有五歲。

但是不管怎麼樣，這個記憶與閱讀唐詩對我來講，都是一件非常親切、很有情味的事情，跟我的家庭和成長連結在一起。

唐詩裡的人生四階段

我一直非常喜歡唐朝。我曾經想，如果有一天真的發明了時光穿梭機，可以帶領著我們回到中國古代的任何一個朝代，我希望能夠降落在唐朝。因為，做為一個女人，唐朝可是一個最好發揮的朝代了。中國古代從來沒有出現過女皇帝，唯獨唐朝有這樣的氣度和胸襟。

在中國，也只有唐朝這個時代的女性是大量閱讀的，女文青處處可見，她們不但能作詩，還能為文人士子的詩歌比賽擔任評審，稱為「校書」。女人不必有豐胸和纖腰，當然也不纏足，一派天然，不用減肥塑身，社交自由，允文允武，不必女扮男裝就可以騎著馬飆上街頭，運動細胞很發達。這樣一個男女近乎平等的年代，也只有唐朝。

做為一個女性，我特別注意到這個部分。我讀過了唐朝的歷史、文學、藝術，從初唐到盛唐，中唐到晚唐，我覺得這真的是一個很特別的年代——月特別亮，酒特別烈，劍特別快，花特別香。

所以，在這個年代才會產生像是陳子昂這樣的詩人，他出身在貴族之家，一直想著要貢獻心力，為這個年輕的王朝做出轟轟烈烈的大事。可惜他的才華除了招來嫉妒，並不能為他帶來順遂的好運。一連串的排擠、打壓襲來，當他來到幽州，古燕國之地，想到古燕國招賢納士的國君，大展身手的臣子，頓有生不逢時之感。於是，強烈的孤寂席捲而至：「前不見古人，後不見來者。念天地之悠悠，獨愴然而涕下。」這首傳唱千古的名詩，就這麼脫口而出。這是陳子昂深深慨嘆，不被理解，沒有共鳴的孤獨感。那孤獨感正好會出現在我們的少年時代。感覺自己與這世界格格不入，又有著茫茫然的迷惑，對未來不可知的前途，有種如履薄冰的戒慎恐懼。常常，我覺得初唐就是我們人生的少年時代。

接著，來到了盛唐。盛唐出現了一個李白：「君不見，黃河之水天上來，奔流到海不復回；君不見，高堂明鏡悲白髮，朝如青絲暮成雪。」已經不得了了，沒想到竟然還有一個行走在人間、窮困潦倒的杜甫。他在整個王朝最鼎盛的時刻，已經預知了它的衰頹與毀壞，所以他有兩句很重要的詩：「朱門酒肉臭，路有凍死骨。」

貧富不均的悲愴，他看到了，他感覺到了，但又能如何？在龐大的哀愁的預感中，他一點辦法都沒有，只好用他的生命，用他的詩，去記載下那個動盪不安的時代，那個連最小的兒子也無法餵飽而讓他活活餓死的年代。杜甫將所有看到、經歷到、感覺到的哀傷、痛苦，都很慎重其事的寫了下來。

而同時，我們也看到像王維、孟浩然這些生活在田園中的人，他們不管這個時代發生了什麼事，不管他們自己是在顛沛流離，或者是在富貴榮華之中，他們還想保留住那一點點貼近自然的初心。他們相信唯有在自然中，歸真反璞才是最適合的生活方式，就像是現代人熱中的「樂活」。「盛唐style」的樂活，在一千多年前，也是蔚為風尚的。

多樣選擇的詩風，也像是我們的青壯年時代，不同性格與價值觀的人，漸漸確立了自己喜愛的生活。

走著走著，走到了中唐。在唐明皇手中，唐朝來到文治武功最鼎盛的盛唐，卻也是在他手中，一個偉大王朝漸漸蛀蝕了。安史之亂，戰鼓頻催，天下大亂，雖然戰事平息，盛唐卻也翻了頁。中唐時當然還是有很多很棒的知識份子與詩人，像是白居易、元稹、劉禹錫、韓愈、柳宗元、賈島、孟郊，但是我們閱讀著他們的生命歷史，看到的都是無可奈何，欲振乏力，所幸，他們並未頹唐委靡，仍然自強奮發，那就更像是中年的心情。

直到最後，我們讀到晚唐的杜牧、李商隱，真的是「夕陽無限好，只是近黃昏。」我非常喜歡李商隱的〈錦瑟〉這首詩，尤其是最後兩句：「此情可待成追憶，只是當時已惘然。」我覺得他完全標示出一個人走過他的人生所有年華之後，回頭再去看，人生的好多糾結，複雜的、美好的、惆悵的、獲得的、失落的，它們全部糾結在那裡，成為一團氤氳霧氣。

你切切實實看見它，感覺到它，但是，要你認真的把它說出來，與別人分享，卻是無能為力。這應該就是晚年的心境了。

中年人的可貴覺醒

關於中年心情，很具代表性的這首詩，正好跨了盛唐跟中唐兩個相近的時期。這位詩人，不算是唐朝最火的名家，若要說出他的詩作，可能許多人答不出來，但又對他並不陌生，他的名字叫作「韋應物」。

韋應物的曾祖父、祖父在唐朝都曾經當過高官，到了他父親的時候，漸漸家道中落，但是韋應物想必小時候就是個頭角崢嶸、氣宇非凡的孩子。他承襲了他們家的世代爵位，自有一種富裕華貴的氣質。於是，他有機緣進入皇宮，成為唐玄宗身邊最親近的近侍，守衛在唐玄宗的身邊，不管是唐玄宗出獵的時候、唐玄宗飲宴的時候、唐玄宗接見臣子的時候，甚至也許唐玄宗跟楊貴妃在飲酒作樂的時候，他都隨侍在側，何等的意氣風發。

當他離開皇宮，回到宅邸的時候，他就魚肉鄉民，只是個十幾歲的少年人，卻覺得自己就是高高在上的天之驕子，沒有人可以約束他的任性妄為。當鄉民無法忍受而去報官，官府的人也不敢緝拿，只能坐在他家的門口等待他有時間能「說明」一下，或是「協助調查」。備受榮寵的少年韋大人哪有心情理會他們，那是他的無敵青春，大好年華，恣情享受的春花秋月。

直到安史之亂發生，唐玄宗逃走了，韋大人瞬間從天堂墮入人間。這是山河破碎的人間，這也是殘酷的人間，所有被他欺凌過的、看他不順眼的、想找人出氣的，都要來踐踏他兩腳。你曾經作威作福吧，你現在算什麼？韋大人成了人人喊打的過街老鼠。他痛定思痛，於是十九歲那年進入太學，認真讀書。他後來幾次出來做官，都是評價非常好的地方官。

韋應物寫過兩首詩，是人到中年的我非常有感的。他說：「身多疾病思田里，邑有流亡愧俸錢。」我現在一身的病痛，好想歸隱田園，回到思念的故鄉，我不想再做官，也沒有力氣做了。但是，放眼望去，看到我所治理的這個地方，還有很多人流離失所，老百姓無法安居樂業，我憑什麼坐在這裡領這樣的薪俸？還有太多的事情沒有做，還有許多的責任必須完成，所以我得繼續硬撐下去。在這兩句詩裡面，看到了一個人物的覺醒。我覺得中年最可貴的，其實就在於覺醒。

正像是田園詩人陶淵明所說的：「實迷途其未遠，覺今是而昨非。」年輕歲月最好的浪費就是「愛」與「迷途」，從愛中我們學習去了解其他人的喜怒愛欲；在迷途中我們才能看見意料之外的風景，只要是到了中年能走在最適合自己的道路上，愛過的人，迷過的路，都不枉費，都有價值。

韋應物還有一首相當中年情懷的詩〈滁州西澗〉：「獨憐幽草澗邊生，上有黃鸝深樹鳴。春潮帶雨晚來急，野渡無人舟自橫。」讀過的人都覺得這是一首好詩，但是好在哪裡呢？可意會而不可言傳，約莫就是意境好。有時候我們走到人生的某個時刻，突然有種寂靜、悠長、安適之感，真正是歲月靜好。可是為什麼會有這種感覺呢？卻也說不上來。

人到中年，會看到一些別人看不到的細微而珍貴的事物，比方說，站在一道山澗旁邊，看到在泉水無情的不斷沖擊之下，卻有一株小草慢慢的、極有生命力的生長出來，你對這樣的生機感到愛憐，也對這樣的生命力覺得可敬。

「上有黃鸝深樹鳴」，黃鸝鳥的叫聲那麼好聽，雖然看不到牠，卻知道牠在密密深深的樹上，我們因此也對美好仍懷抱著憧憬。「春潮帶雨晚來急」，春潮，是春天的潮水，一年之中水勢最旺盛的，就是春天。此刻春潮還夾帶著雨，那雨勢洶洶，常常是難以抵擋的。

走向渡口尋找一條船

人到中年，我最大的課題就是：照顧年老的父母。

因為我單身又沒有孩子，所以不需要對我生的負責；但是因為一直與父母同住，所以必須要對生我的負責。自從九十歲的父親突然生病，母親也因家中巨變身心俱疲，於是，我成了一個照顧者。在過去的兩年之間，好幾次進出萬芳醫院急診室。每當我隨著父親的擔架上了救護車，聽見「無依無依」的嗚笛聲，總是充滿著無依的情緒。或許是受到長期使用藥物的影響，我的父親罹患了老年精神疾患，摧毀了他的意志力，混淆了他的認知，癲狂了他的世界，所以他的狀況看起來會比一般生病的人還要更嚴重。

就像是許多炸彈，一個接一個，在我的家庭、我的生命裡炸開了。在一切的混亂痛苦與措手不及中，我仍然能夠同理，這個一九四九年從大陸隨軍撤來台灣的老兵，一夜之間，他的生命被硬生生截斷，被命運投擲在陌生的土地上。我常常覺得這些老兵走過了戰爭，而沒有死去，都是從無間道地獄歸來的人，如果他們活得夠長、夠久，最終都很可能要有精神疾病的。那時候父親發作起來，不吃、不睡，不斷的跟我講過去的歷史，他經歷過的事情，不斷的講、不斷的講，連續講三天三夜。

他的時間軸那樣錯亂，重複又重複，不斷的訴說，他經歷過多麼恐怖的事情、多麼淒慘的事情、多麼殘酷的事情，在那糾結跳接的混亂時序中，就像一場醒不過來的噩夢。想尖叫卻失去聲音，想逃脫卻沒有出口。

我是一個作家，但我無法解救困在時間軸中無比困惑與驚怖的老父親，我甚至無法安撫在氾濫情緒中將要溺斃的自己。

但是，在那個時候是什麼挽救了我？其實是一切的經典，包括儒家的思想、包括老莊的思想。

我唯一能做的事情就是：把一個照顧者的角色扮演好。

當「春潮帶雨晚來急」的時候，「野渡無人舟自横」。我想要走出的，也許是學校裡沒有教過、很多書裡也沒有明白告訴我們的安頓之道。我們到底要怎麼樣扮演好一個照顧者，怎麼樣好好的過我們自己的中年生活？這一切都是一個野渡，是一個沒有被開發的渡口，所幸我走過去了，我找到了我的船，那麼，我就自由了。

所以，最後一句叫作：「野渡無人舟自橫。」走出自己的道路，用自己最想要的方式，去過自己最想要的生活，並且把你生命裡面，無法切割，必須要照顧好的責任盡好，這樣就是圓滿。不管別人怎麼看，不管他人如何評價，在成為照顧者的角色時，也把自己照顧好，這就是中年人的自由與自在。

曼娟在閱讀仲夏夜，和讀者分享中年的自由與自在。
https://goo.gl/XXtBv7

欲海無涯，唯愛是岸

年輕時我愛《紅樓夢》，尤其是賈寶玉和林黛玉的愛情，既被壓抑，又一派天真，出自肺腑。有了些歲月與經歷，卻益發覺得《金瓶梅》的人物與心機、世情和世故才真正迷人。

賈寶玉出場時的形象是這樣的：「面若中秋之月，色如春曉之花，鬢若刀裁，眉如墨畫，面如桃瓣，目若秋波，雖怒時而若笑，即瞋視而有情。」這樣一個仙界人物，人間是少有的，我們可能一輩子也見不到一個。

而西門慶的身世卻是這樣的：「原是清河縣一個破落户財主，就縣門前開著個生藥鋪。從小也是個好浮浪子弟，使些好拳棒，又會賭博，雙陸象棋，拆白道字，無不通曉。近來發跡有錢，專在縣裡管些公事，與人把攬說事過錢，交通官吏，因此滿縣人都懼怕他。」這是何等寫實具體的人物，能吃喝、會玩樂，有本事做買賣，賺了錢之後就與官場勾結。也像是一部小小的凡夫俗子奮鬥史，令人油然而生歆羨之意。

一夜無話，原來如此

年少時，我聽聞有部中國最重要的色情小說《金瓶梅》，立即到書店將它買回來，再偷偷摸摸帶進房間，布置了適合讀禁書的環境，躲在被子裡打開小手電筒，打算等父母睡著之後，仔細研究《金瓶梅》到底有多刺激。我買的版本是《珍本金瓶梅》，我刻意略過了「淨本」，以為「珍本」內容最是露骨。

《金瓶梅》的寫作特色是瑣碎日常，好不容易讀到主角終於將要就寢，年少的我聽到自己的心撲通撲通跳，結果書上寫著：「兩人解衣上床，一夜無話。」就這樣結束了？我大感震撼！原來中國古人含蓄保守到如此地步，「一夜無話」就能稱作色情小說嗎？或者古人的想像力竟如此豐富，寫了「一夜無話」四字，立即體會明瞭，想像聯翩，實在太不可思議了。後來才知道，毫無刪減的版本其實是《金瓶梅詞話》。

我一直不明白為何稱《金瓶梅》為色情小說，初讀時只覺得恐怖，它完全無法勾引人們的情欲，描寫的皆是可怕的性愛場面，彷彿原始禽獸的纏鬥，毫無我們期待的羅曼蒂克，只是做了再做，感受不出其中有愛。西門慶是原始欲望的躁動者，這是毋庸置疑的，至於他身邊的所有女性，大都只是迎合他的喜好而已。潘金蓮與李瓶兒可說是與他棋逢對手，同享魚水之歡，攀登極樂境界的最佳伴侶。至於其他女性，與他燕好的同時，往往會對西門慶說，我看見某某人有件好漂亮的裙子，有個好美麗的頭飾，你什麼時候給我買一件？要好衣服的、要好首飾的、要銀錢的，西門慶都能滿足。

他曾發過這樣一段豪語：

「咱聞那佛祖西天，也止不過要黃金鋪地；陰司十殿，也要些楮鏹（作者按：祭祀時燒的紙錢）營求。咱只消盡這家私廣爲善事，就使強姦了嫦娥，和姦了織女，拐了許飛瓊，盜了西王母的女兒，也不減我潑天富貴！」

在西門慶的意識中，西天與陰間都要錢，有錢好辦事。就算淫遍天下女子，只要做點善事布施，也無損陰德。而且他與這些性伴侶之間皆是你情我願，沒有一個是威逼的，他只是給出誘惑而已。

由性生出愛來

曾經有評論家說《金瓶梅》是一本哀書，我到年過半百之後，方才明白個中道理。西門慶的原始欲望極強，當他一步步拾回人性，從酒色財氣中，逐漸明白愛的真諦，幾乎有望成為一個因愛而活著的人，卻失落了愛，又被重重打回一個更無退路的處境，只能層層崩壞，沉淪到底。

《金瓶梅》的故事其實十分單純，這位名為西門慶的痞子，為了享有酒色財氣，他的生意規模變大，又擔憂僅是經商仍有風險，便想盡辦法由小官開始，一路買通博取上位，直至出入宰相家，希望能得到更高的官職。這何嘗不是一個力爭上游的勵志例子？

對於性愛，他希求成為舉國第一、境內無雙的高手，這說得上是積極奮發，倒也無啥不是之處。對西門慶來說，至為關鍵的女性角色並非潘金蓮，而是金、瓶、梅當中的「瓶」——李瓶兒。李瓶兒本是富商人家的少奶奶，丈夫的叔叔還是當時宮中當權的太監，她生活富裕、衣食無虞，內心卻十分空虛。她與丈夫花子虛情感上並無共鳴，當她邂逅西門慶之後，最先獲得的滿足儘管是性，但她也在不知不覺中愛上對方。

《金瓶梅》值得玩味之處，便是書中人經常都是不自知的，他們不知道自己為什麼爭奪、為什麼痛苦、為什麼會死去，活得渾渾噩噩。其實這也雷同於現實人生，我們常為許多情緒所困，卻沒有覺察，不知道自己走在怎樣的道路上。西門慶便是如此，他已有五位妻妾，又想娶李瓶兒過門，兩人原本感情親密，但由於西門慶忙於處理家族中的政治事件，便將婚事擱下。而李瓶兒已為西門慶挹注許多銀錢，總覺得被誆騙了，內心極為失落，因此患病染疾。

更可怕的是，在病榻上她總看著西門慶來到房內，每晚皆與她「一夜無話」，如此頻仍的「一夜無話」之下，她的病情加劇。她向外求醫，遇見一名中醫師蔣竹山，以為可做伴侶，稍解內心的焦渴欲望，比較之下，卻更加認知西門慶的獨特與不可取代的重要性。

李瓶兒可說完全實踐了「愛情是一種病」這句話，她對西門慶說：「你就是醫奴的藥一般，一經你手，教奴沒日沒夜只是想你。」這句話的情境可能是談性欲，但也能詮釋為一種愛的狀態。總之，幾經波折，李瓶兒終於進了西門慶的家門，不過要在西門府生活實屬不易，畢竟遇上了最難擺平的潘金蓮。

相比之下，潘金蓮與李瓶兒是完全不同的類型，雖然表面看來兩人都背著丈夫出軌，也都成為了西門慶的妻妾。但潘金蓮年少坎坷，她有無窮無盡的欲望，因此完全沉溺於性事上，無論西門慶在外結了多少風流帳，只要進了家門，她照樣需索無度。倘使西門慶無法滿足她，她便餵以大量春藥，西門慶最後便是如此死在潘金蓮手上。

西門慶當年為得到潘金蓮，拿了砒霜唆使她毒死親夫武大郎，然而最後西門慶也死在潘金蓮的床上，形成了有趣的對比。

死別中見真愛

李瓶兒產下一子，這是西門慶的第一個兒子，孩子一落地，他便升官，因此與高采烈的為兒子取名「官哥」。西門慶喜獲麟兒，更加疼愛李瓶兒，這當然引得潘金蓮十分不快，眾人搶著去看小孩出生時，潘金蓮便倚在門邊嗑瓜子，邊說些諷刺的話語。

潘金蓮甚至養隻白貓，將貓愛吃的肉食塞進與官哥大小相仿的草人裡，放任貓去撲擊草人取食。為了討吉利，古代富家常為幼兒穿著紅衣，草人也穿著紅衣，幾次下來，這貓後來果真撲向官哥，雖不致害命，卻使官哥異常懼怕，過了不久便活活被嚇死。

李瓶兒自此病情益重，出血不止，整個人消瘦而憔悴。最後照顧者已處理不及，只能在她的臥床上鋪設厚厚的稻草以吸收汙血。西門慶儘管四處尋花問柳，閱人無數，家中尚有欲壑難填的潘金蓮，但他每日返家後，必要走進李瓶兒的房間，陪在榻邊握著她的手談話。即便李瓶兒驅趕他，他卻只想在此與她相伴，兩人相擁而眠。

這絲毫無關情欲，分明是愛啊！但西門慶始終不明白。

李瓶兒病入膏肓、藥石罔效之際，西門慶求助於命理，算命師坦言她福分已盡，並特別耳提面命，要西門慶在她過世之際，絕不可進她的房間，否則將危及未來的官場前途，甚至有性命之憂。

然而，就在李瓶兒即將離世的當晚，西門慶在屋外坐立難安，最後還是踱進李瓶兒的房間。李瓶兒驚愕萬分，但西門慶就是想見她、想與她說話，最後李瓶兒對他說：「你家事大，孤身無靠，又沒幫手……比不得有奴在，還早晚勸你。奴若死了，誰肯只顧得苦口說你？」

這句話令我震驚不已，西門慶家大業大，權勢甚熾，有誰會認為他孤身一人？眾多妻妾不論，尚有無數的酒肉朋友、奴僕成群，但是僅有李瓶兒清楚看見西門慶的孤單，換言之，她知道西門慶身邊除了自己，沒有一個真心愛他的人。在她眼中的西門慶，正是孑然一身。或許在我們眼中，至愛的人總是孤單無依的，必須由我深深愛他，他才能有所倚靠。

李瓶兒去世之後，西門慶果然徹底崩毀，極端失控，只要見到姿色尚可的女人，他立即紅著眼想要約對方「一夜無話」，已到極度病態的地步。他最終在潘金蓮身旁度過了最後一夜，人生至此，確實再也無話了。

每次重讀《金瓶梅》，想像著西門慶在暗夜中推開李瓶兒的房門，同時，也推開了他未來人生的榮華富貴與自己的性命，他步入地獄裡，那當中除了令人掩鼻的血腥臭味與死神已然大張的羽翼之外，再無其他，但他依然義無反顧，一步一步走進去。如果這不叫作愛，什麼才是愛？

可惜的是，西門慶直到最後，仍在欲海中浮沉，可能從未發覺自己曾經深深愛過。倘若李瓶兒未死，他有沒有機會因為這樣的愛，而真正成為一個人呢？這是我在《金瓶梅》這部著名的色情小說中讀出的愛。

用體貼的方式去愛

受《金瓶梅》影響至深的《紅樓夢》之所以是一部純愛小說，最主要的原因在於其中塑造出一個純愛的人物。這個人物並非林黛玉，而是賈寶玉。

賈寶玉是個真正懂得什麼是愛的人，大觀園裡所有姐妹們，縱然絕大多數是家中的奴婢，但他都平等視之。他不認為自己的身分比較高，也不覺得自己是她們的主人，甚至多數時候，他都將自己真摯的情感交託在這些姐妹手中。在這樣平等的愛中，還有一份絕無僅有、獨一無二的愛，繫在了林黛玉身上，原因很簡單，大觀園中真正與他聲氣相通的人，僅有林黛玉。

我常覺得，愛與體貼是密不可分的。

年輕時我們愛一個人，經常會忽略對方的需求，總想著我要給他什麼，卻沒想過對方想要什麼。有可能對方想要的完全不如自己所想，當對方真正需要的是一個人，想要獨處，我們有沒有足夠的勇氣說：「因為我愛你，所以去做你想做的，我會在這裡等你。」很多時候，我們可能會說：「那就讓我跟在你身邊，沒關係，我不會打擾你。」就因為我們對自己沒有信心，對愛沒有信心，無法篤定安靜。沒辦法給對方空間、想要全面掌控的情人，其實是已經失控的人。

夜半讀《紅樓夢》，有個小小的橋段，不知為何，讓我突然眼前一亮：某日白天，賈寶玉問林黛玉當晚是否有活動，林黛玉回答，晚上要等寶姐姐（薛寶釵）吃飯。寶玉想著，不便去打擾她們姐妹談心，就不去瀟湘館找黛玉了。將近黃昏，大觀園下起雨來，直至入夜，賈寶玉在怡紅院裡尋思：若一直下雨，或許寶姐姐便不會去找林妹妹，她獨自一人坐在瀟湘館裡，外面是竹林，聽著雨聲，豈不淒涼？會不會又胡思亂想，平添哀愁？既然如此，我便去找她，為她解悶吧。

披上蓑衣、穿上木屐、帶上傘，由丫鬟提燈引路，賈寶玉從怡紅院前往瀟湘館，林黛玉果然因為薛寶釵未能前來，感到無聊，正準備早早就寢。丫鬟通報後，林黛玉起身應門，賈寶玉提著燈，想照看林妹妹的氣色好不好，當他舉燈準備照向黛玉之時，作者描寫他右手將燈舉向林妹妹，左手放在她眼前，稍微遮著燈光。

曾經讀過《紅樓夢》這麼多次，怎麼竟然忽略了這一段？這個非常細微的動作，使我怦然心動。這是何等的體貼啊！即便是為確認黛玉的氣色而提燈去照，但寶玉體貼她由暗處步出，加上身子較弱，通常較為畏光，因此想到遮住她的眼睛。只是一、兩句話的描寫，若是演出，也至多兩秒鐘的動作，但這完全將我所體認的寶黛愛情，發揮到淋漓盡致。一定是對一個人極致有愛，才會知道對方的喜惡、體貼對方的需要，寶玉覺得黛玉會寂寞而去探望她，也體貼此刻的她可能畏怕太強的光線，所以稍微替她遮擋。

《紅樓夢》給了我深刻的啟示。愛不需要轟轟烈烈，而要細水長流，說來簡單，但很多時候，水愈來愈細，最後便乾涸不流了。細水要能夠長流，其實不是件容易的事。

愛是一種人際關係

中年讀《論語》，發現書中談論的其實是人際關係，彷彿是中國古代的情緒管理之書。

《論語．顏淵》記載，孔子曾說：「愛之欲其生，惡之欲其死；既欲其生，又欲其死，是惑也。」這段話說得真好，孔子在此想必不是要談愛情，但以此來談愛情也很適合。當我們很愛一個人的時候，即使將性命交給對方都沒關係，只求他能夠好好的活著，一旦情變，憎惡之心頓起，便恨不得惡毒的詛咒對方。同樣的一個人，以前希望他活得好，現在又詛咒他死去，可見問題出在自己身上，因為我們並未清楚愛的本質。

我過去在大學任教近三十年，也曾擔任導師，到研究室找我商談的同學，通常都是遇到愛情問題。早先學生的戀愛持續得較長，從相互喜歡、決定表白、終於走在一起、直到分手，不同的階段正好用去四年的時間。現今，常常開始到結束都在一個學期裡，大家對經營愛情關係更加心急，甚至有許多關係，分手時十分極端，非得將最後一點情意、好感皆銷磨殆盡，直到完全無以為繼，逼近惡之欲其死的地步，才願意放手。

此時，我們不妨看看莊子的說法，《莊子．大宗師》中說：「泉涸，魚相與處於陸，相呴以濕，相濡以沫，不如相忘於江湖。」當泉水乾涸，魚暴露於陸地，牠們便會張開嘴來，將潮溼的氣息或唾沫吐向彼此，讓彼此可以舒服些，增加存活的機會。但莊子認為，與其相濡以沫，不如相忘於江湖。江湖才是魚應去的所在，那裡有無窮無盡的水，使魚得以生存。若是缺乏足夠相愛的感覺或緣分，與其兩人束縛在一起，不如就讓彼此回到最自然的狀態。

常有人說，倘若我們相處或相愛的資源瀕臨匱乏，何必還要苦苦相守。這不見得僅能用在愛情上，有時也可用以談人際關係。曾經覺得某些朋友會是一生的至交，後來因環境不同，彼此的價值觀漸行漸遠，不妨就真的漸行漸遠，也許有天機緣再起，山不轉路轉，又遇在一起，若有感覺便再繼續交往，如果沒有緣分也無所遺憾了。

其實愛並非必然，而是一個過程。先有愛的感覺，由此出發，經過共同相處的互動，得到許多回憶、愉悅及成長。其後，也許愛可以繼續，也或許愛有天將結束。我們要面對愛不是永恆的事實，人也並非永恆，我們總在改變，愛也會隨著改變。有些人變得愈來愈相愛，自然也有些人變得不再愛了。當我們對此困惑時，請想著一切皆是自然的一部分，愛是自然，不愛也是。
無論如何，愛都是生命裡最貴重的價值，不要輕易放棄愛，愛可以使我們更有人性。

*作者按：本文經授權轉載自天下文化《在人文路上遇見生命導師：給未來醫生的十堂課》，並加以增刪潤飾。

國家圖書館出版品預行編目（CIP）資料

我輩中人：寫給中年人的情書 / 張曼娟著. --
第一版. -- 臺北市：遠見天下文化, 2018.03
面； 公分. -- (華文創作BLC107)
ISBN 978-986-479-377-8(平裝)

1.中年危機 2.生活指導

192.14 107000061

華文創作BLC 107

我輩中人：寫給中年人的情書

作者 — 張曼娟

總編輯 — 吳佩穎
人文館總監 — 楊郁慧
美術設計 — 謝佳穎（特約）
內頁攝影 — 林宏奕、謝佳穎（特約）
內頁排版 — 劉蔚君（特約）

出版者 — 遠見天下文化出版股份有限公司
創辦人 — 高希均、王力行
遠見・天下文化 事業群榮譽董事長 — 高希均
遠見・天下文化 事業群董事長 — 王力行
天下文化社長 — 林天來
國際事務開發部兼版權中心總監 — 潘欣
法律顧問 — 理律法律事務所陳長文律師
著作權顧問 — 魏啓翔律師
社址 — 臺北市104松江路93巷1號
讀者服務專線 — 02-2662-0012｜傳眞 — 02-2662-0007；02-2662-0009
電子郵件信箱 — cwpc@cwgv.com.tw
直接郵撥帳號 — 1326703-6　遠見天下文化出版股份有限公司

製版廠 — 中原造像股份有限公司
印刷廠 — 中原造像股份有限公司
裝訂廠 — 中原造像股份有限公司
登記證 — 局版台業字第2517號
總經銷 — 大和書報圖書股份有限公司｜電話 — 02-8990-2588
出版日期 — 2022 年 2 月 21 日第二版第一次印行
2023 年 10 月 3 日第二版第六次印行

定價 — NT 360 元
ISBN — 978-986-479-377-8
書號 — BLC 107
天下文化官網 — bookzone.cwgv.com.tw